U0783333

荣 获

新闻出版总署优秀畅销书奖
全国优秀古籍图书普及读物奖
第十七届山西省优秀图书一等奖
第 二 届 山 西 出 版 政 府 奖
山西出版集团2008年度十种好书

全套藏书累计销售500万册

诸子百家卷

《诗经》《尚书》《礼记》《楚辞》《论语·大学·中庸》《孟子》
《老子》《庄子》《荀子》《韩非子》《孙子兵法·尉缭子·鬼谷子》
《墨子》《周易》《山海经》《吕氏春秋》《三十六计》

名家选集卷

《三曹诗集》　《陶渊明集》　《王勃集》　《王维集》　《孟浩然集》
《高适集》　　《岑参集》　　《李白集》　《杜甫集》　《白居易集》
《刘禹锡集》　《元稹集》　　《李商隐集》《李贺集》　《杜牧集》
《韩愈集》　　《柳宗元集》　《李煜集》　《欧阳修集》《王安石集》
《苏轼集》　　《黄庭坚集》　《柳永集》　《秦观集》　《周邦彦集》
《李清照集》　《辛弃疾集》　《陆游集》　《范成大集》《杨万里集》
《姜夔集》　　《文天祥集》　《元好问集》《唐寅集》　《张岱集》
《三袁集》　　《李贽集》　　《傅山集》　《纳兰性德集》《袁枚集》
《郑板桥集》　《龚自珍集》

史著选集卷

《左传》《国语》《战国策》《史记》《汉书》《后汉书》《三国志》
《资治通鉴》

综合选集卷

《唐诗三百首》《宋词三百首》《元曲三百首》《千家诗》《古文观止》
《汉魏六朝小赋骈文选》《唐宋八大家文选》《明清小品文选》

笔记杂著卷

《蒙学六种——三字经·百家姓·千字文·增广贤文·幼学琼林·格言联璧》
《颜氏家训·朱子家训》　《世说新语》　《金刚经·坛经·心经·地藏经》
《曾国藩家书》《菜根谭·小窗幽记·幽梦影》《浮生六记》《闲情偶寄》
《近思录》《徐霞客游记》《古代书信精选》

戏曲小说卷

《元杂剧精选》《西厢记》《牡丹亭》《长生殿》《桃花扇》《今古奇观》
《三国演义》《水浒传》《西游记》《红楼梦》《聊斋志异》《儒林外史》
《封神演义》《话本小说选》《文言小说选》

中国家庭基本藏书 诸子百家卷

论语·大学·中庸

李浴华 马银华 译注

山西出版集团

三晋出版社

博学工作室

高文典籍

傳家瑰寶

藏用同功

永垂華藻

張頷

· 著名考古学家、古文学家张颔先生为《中国家庭基本藏书》题词

前言

　　"四书五经"是儒家的重要经典。汉武帝采纳董仲舒的建议,"罢黜百家,独尊儒术",于建元五年置五经博士,始有"五经"之称。具体即指《易》、《尚书》、《诗》、《礼》、《春秋》五部书。"四书"之名,则始于宋代的"二程"。南宋理学家朱熹注《论语》,又从《礼记》中摘出《中庸》、《大学》分章断句,加以注释,配以《孟子》,合称《四书章句集注》,从此,"四书"便通行于天下。

　　《论语》是孔子弟子及再传弟子关于孔子言行的记录,内容有孔子谈话、答弟子问及弟子间相与谈论。因此,《论语》又是若干片断和篇章的集合体。这些篇章的排列顺序没有什么道理,而且绝非出自一个人的手笔。通行的说法是,《论语》一书有孔子弟子的笔墨,也有孔子再传弟子的笔墨,最后由曾参的学生所编定。所以说,《论语》的着笔当开始于春秋末年,而编辑成书则在战国初年。《论语》的核心思想是"忠恕"

和"仁"。"恕"就是"己所不欲,勿施于人","己欲立而立人,己欲达而达人";"仁"就是"爱人"。

《大学》分"经文"一章,传文十章。"经文章"是孔子的言论,由曾参口述;十章"传文",则是曾参的见解,而由他的学生记录而成。曾参又称曾子(前505—前436),字子舆,春秋战国之际鲁国人,孔子的学生,比孔子小四十六岁。曾子的思想,主要是"仁"和"孝",而尤以"孝"影响最大。"曾参之孝道,感天地,动鬼神。"(唐·皮日休语)曾子也因此获得后世"宗圣"的称号。《大学》是儒家阐述治国平天下的一篇政论文。它的主要思想是"修己以安百姓";它的主要内容,就是"明明德、新民、止于至善"三条纲领,以及"格物、致知、诚意、正心、修身、齐家、治国、平天下"八个条目。全篇将道德修养和政治议论结合在一起,将人生哲学和政治哲学合而为一,是儒家"入世"思想的全面体现,对后代产生了深远而巨大的影响。

《中庸》的作者子思(前483—前402),姓孔,名伋,字子思,他是孔鲤的儿子,孔子的孙子,被后世尊为"述圣"。子思是儒家学派的承前启后者。他虽说没有亲聆孔子的教诲(子思小孔子六十八岁,在子思的幼年,孔子即去世了),但他跟随孔子的弟子曾参学习,颇得孔门真传。子思的思想又通过他的门人传给孟子,孟子继承发扬,最终成为儒家的"思孟学派"。子思的《中庸》,全面而深入地阐述和发挥了孔子的"中庸之道"。如果说《大学》是儒家的一篇政论文,那么,《中庸》则是儒家的一篇哲学论文。程颐说:"不偏之谓中,不易之谓庸;中者,天下之正道,庸者,天下之定理。"《中庸》的主题,在于阐述中庸之道最完美、最高的道德。同时,在方法论上,它又倡导在认识、处理问题时,选择一个正确的立脚点,既反对"过头",又反对"不及";从宇宙观看,《中庸》主张"天人合一";从政治观看,《中庸》主张人治、德治;从教育观看,《中庸》倡导在"诚"的基础上,采取"博学之、审问之、慎思之、明辨之、笃行之"的治学方法。

自从宋朝的"二程"首创"四书"之说,朱熹的《四书章句集注》编辑问世以来,"四书"便形影不离。此次整理,由于篇幅原因,将《孟子》抽出单行,而将《论语》、《大学》和《中庸》合刊。《论语》以刘宝楠《论语正义》为底本;《大学》、《中庸》以朱熹《四书章句集注》为底本,编次也基本不变,程子的提示,朱熹的序和按语,对理解原文有极大的帮助,所以也予以保留并加翻译。

译注者

2008年5月

目录

论 语

李浴华 译注

孔子和《论语》（代序）

李浴华

孔子（前551—前479），名丘，字仲尼，鲁国陬邑（今山东曲阜）人。其先世为宋国的贵族，因变乱迁居鲁国。孔家在孔子的五世祖木金父时已开始败落。当孔子出生时，他的家庭已经沦为平民阶层。孔子幼年丧父，生活贫困。大约从三岁开始，他跟随母亲颜氏生活，颜氏为当时曲阜的大族，孔子因而在幼年接受了良好的教育。

孔子年轻时，当过管理仓库和看管牛羊的小官吏，他35岁时到齐国，为高昭子的家臣。齐景公想让孔子在齐国为官，因为晏婴的阻止而作罢。50岁以后，孔子曾做过鲁国的中都宰，后来升任司空、司寇。56岁时，"由大司寇摄相事"，即以大司寇的身份兼鲁国国君的相礼，这是孔子在鲁国最得意的时候。但好景不长，孔子在任只有三个月，因为和当权的季氏发生矛盾，只得辞职，率弟子周游列国去了。

孔子周游列国十多年，主要目的是为了"行道"，即在各诸侯国推行他的政治主张。他先到卫，又到陈，路过匡，因为他的相貌和阳虎很像，被匡人误认为是阳虎，将他包围了五天。解围后又返回卫国，不久又离开卫国，到了曹国、郑国。孔子曾想投奔赵简子，走到黄河边又折回去了，最后又到了陈、蔡之间。楚王听说后便派人去请孔子到楚国任职，陈、蔡的大夫怕孔子去楚国对陈、蔡不利，便鼓动百姓将孔子包围在野外，绝粮多日，随从的弟子都饿得站不起来。

孔子周游列国多年，直到 68 岁时才回到鲁国。晚年主要从事文化典籍的整理工作。他编订了《诗》、《书》等古代文献，还删修了鲁国史官所记的《春秋》，成为我国的第一部编年体史书。孔子死后，他的弟子辑录其言论编成《论语》一书，是研究孔子思想的重要资料。孔子整理《诗》、《书》、《礼》等"六经"，对保存与传播中国古代文化，做出了巨大贡献。

孔子思想体系中最具有特色的重要内容，就是他的"仁"的道德伦理思想学说。"仁"这个词在孔子以前已经开始出现，但把"仁"作为哲学思想范畴提出，是从孔子开始的。在《论语》中，孔子论及"仁"的地方达 100 多处，已经形成了关于仁学的理论体系，他把"仁"看成是伦理道德的最高范畴。

孔子的教育思想也是孔子思想体系中一个很重要的内容，在《论语》一书中，他有许多关于教育方法和学习方法的论述。孔子不仅是儒家学说的创始人，也是中国古代的一位大教育家。孔子聚徒讲学，广收门徒，改变了以往"学在官府"的旧制度，首创了私人讲学的风气。他从事教育数十年，受他教育的学生有三千多人。在学习态度和方法方面，孔子在《论语》中有许多重要的见解，如"学而不厌"、"不耻下问"、"温故而知新"、"学而时习之"、"学而不思则罔，思而不学则殆"等。孔子的教育观对后世的文化教育事业有很大影响，其中有些思想，直到今天，仍有一定的借鉴意义。

《论语》的内容，除了哲学和教育外，还包括政治、历史、经济、艺术、宗教等诸多方面，读者从中可以看出许多当时社会的政治生活情况，看出孔子对社会的理想、对政治的见解，看出孔子和他的弟子们的人格修养和处世原则。《论语》是一座智慧宝库，是孔子留给人类的一份宝贵的精神遗产。《论语》是一部奇书，是一部可以从少年读到老年而常读常新的奇书。

◎学而第一(共十六章)

题解

　　"学而"是《论语》第一篇的篇名。《论语》一般以每篇开头两三个字作为该篇的篇名。但因为"子曰"两个字常出现于一篇的开头,这一类的篇目便以"子曰"后的两三个字作为篇名。本篇讲的是学习与做人。

原文

　　1.子曰①:"学而时习之②,不亦说乎③?有朋自远方来④,不亦乐乎?人不知而不愠⑤,不亦君子乎?"

　　2.有子曰⑥:"其为人也孝弟⑦,而好犯上者⑧,鲜矣⑨;不好犯上,而好作乱者,未之有也。君子务本⑩,本立而道生⑪。孝弟也者,其为仁之本与⑫!"

　　3.子曰:"巧言令色⑬,鲜矣仁!"

　　4.曾子曰⑭:"吾日三省吾身⑮:为人谋而不忠乎⑯?与朋友交而不信乎⑰?传不习乎⑱?"

①子:《论语》中"子曰"的"子"均指孔子。古代尊称有学问有道德的男子为"子"。

②学而时习之:时,经常;习,复习、温习。

③说(yuè):通"悦",高兴、快乐。

④朋:朋友。

⑤愠(yùn):恼怒。

⑥有子:孔子的学生,姓有,名若。

⑦孝弟(tì):孝,子女尽心奉养父母,顺从父母的意志。弟,通"悌",弟弟对兄长要尊敬、服从。

⑧犯上:触犯长辈或上级。

⑨鲜(xiǎn):少。

⑩务本:专心致力于根本。本,根本、基础。

⑪道:社会道德准则。

⑫与(yú):通"欤",语气词。

⑬巧言令色:用花言巧语和假装和善来讨好别人。巧言,花言巧语。令色,美好的脸色、讨人喜欢的表情。

⑭曾子:孔子的学生,名参(shēn),字子舆。

⑮三省(xǐng)吾身:多次自我反省、检讨。"三"不是实指,表示多次。省,检讨。

⑯为人谋:为别人办事。　忠:尽心竭力。

⑰信:诚实。

⑱传(chuán):传授。

1.孔子说:"学了知识,又经常复习它,不也是快乐的吗?有朋友从远方而来,不也是值得高兴的吗?别人不理解我,我也不恼怒,不也是君子吗?"

2.有子说:"能够孝顺父母、尊敬兄长,而喜欢冒犯上级和长辈的人是少有的;不喜欢犯上,却喜欢作乱的人是根本没有的。君子专心致力于根本,基础确立了,道也就产生了。孝敬父母、服从兄长,这应该是仁爱的根本吧!"

3.孔子说:"花言巧语,满脸装出一副讨人喜欢的样子,这样的人是很少有仁德的。"

4.曾子说:"我每天多次自我反省:为别人办事竭尽全力了吗?与朋友交往有不诚实的表现吗?老师教给我的知识复习了吗?"

【原文】

5.子曰:"道千乘之国①,敬事而信②,节用而爱人③,使民以时④。"

6.子曰:"弟子入则孝⑤,出则悌,谨而信⑥,泛爱众而亲仁⑦。行有余力⑧,则以学文⑨。"

7.子夏曰⑩:"贤贤易色⑪;事父母⑫,能竭其力;事君,能致其身⑬;与朋友交,言而有信。虽曰未学⑭,吾必谓之学矣。"

8.子曰:"君子不重则不威⑮,学则不固⑯。主忠信⑰,无友不如己者⑱,过则勿惮改⑲。"

9.曾子曰:"慎终⑳,追远㉑,民德归厚矣㉒。"

①道千乘之国:治理一个诸侯国家。道,治理。千乘(shèng)之国,即诸侯国家。古代一车四马为一乘,诸侯大国地方百里,兵车千乘,称千乘之国。

②敬事而信:谨慎、认真处理事情,讲信用。

③节用而爱人:节约开支,爱护部下。人,指部下。

④使民以时:在农闲时役使百姓,不影响农业生产。使民,役使百姓。以时,按照一定的时节。

⑤弟子:年纪幼小的男子。

⑥谨而信:做事谨慎,说话有信用。

⑦泛爱众:对大众要有仁爱之心。　亲仁:亲近有仁德的人。

⑧余力:剩余的精力。

⑨学文:学习《诗》、《书》等有关礼乐的著作。

⑩子夏:孔子的学生,姓卜,名商,字子夏。

⑪贤贤:尊重有才德的贤人。第一个"贤"为动词,即尊重。第二个"贤"为名词,指有才德的贤人。 易色:不重女色。易,轻视。

⑫事父母:侍奉父母。

⑬致其身:奉献自己的生命。

⑭未学:没有学习过《诗》、《书》等礼乐知识。

⑮不重则不威:不庄重就没有威严。重,庄重。威,威严。

⑯不固:不牢固。

⑰主忠信:把忠实和诚信放在主要位置。

⑱无友不如己者:不要去和比自己道德差的人交朋友。

⑲惮(dàn):害怕。

⑳慎终:对父母的丧事要谨慎地按照礼的要求去办。终,父母的丧礼。

㉑追远:祭礼时要有诚心。

㉒归厚:趋于淳厚。

5.孔子说:"治理一个诸侯国家,就必须认真、谨慎地处理各种事情,恪守信用,节约开支,爱护部下,役使百姓要考虑到农业生产,在农闲时进行。"

6.孔子说:"年轻人在家要孝敬父母,外出要服从兄长,做事要谨慎,说话要讲信用,对大众要有仁爱之心,要亲近有仁德的人。这样做了之后还有精力,就要常学习《诗》、《书》等有关礼乐的著作。"

7.子夏说:"尊敬贤者,不重女色;侍奉父母,能够竭尽全力;侍奉君主,能有自我献身的精神;交结朋友,说话有信用。这样的人,虽然他自己说没有学习过《诗》、《书》等礼乐知识,我也一定要说他是学习过的。"

8.孔子说:"君子如果不庄重就没有威严,就是学习了也不会牢固。做人要以忠实、诚信为主。不要与在道德上比自己差的人交朋友。有了过错,就不要害怕改正。"

9.曾子说:"要谨慎地办理父母的丧事,要诚心诚意地祭祀祖先,这样做了,老百姓就会受到感化,社会道德就会趋于淳厚。"

10.子禽问于子贡曰①:"夫子至于是邦也②,必闻其政。求之与?抑与之与?"③子贡曰:"夫子温、良、恭、俭、让以得之④。夫子之求之也,其诸异乎人之求之与⑤?"

11.子曰:"父在,观其志⑥;父没,观其行。三年无改于父之道⑦,可谓孝矣。"

12.有子曰："礼之用,和为贵⑧,先王之道斯为美⑨。小大由之。有所不行,知和而和,不以礼节之⑩,亦不可行也。"

13.有子曰："信近于义⑪,言可复也⑫。恭近于礼,远耻辱也⑬。因不失其亲,亦可宗也⑭。"

注释

①子禽:姓陈,名亢,孔子的学生。 子贡:姓端木,名赐,孔子的学生。

②夫子:古代的一种敬称,凡做过大夫级官的人都可被称为"夫子"。孔子曾做过鲁国的司寇,所以他的学生称他为夫子。 是邦:这个国家。邦,国家。

③抑:或者是、还是。

④温、良、恭、俭、让:温,温和;良,善良;恭,庄敬;俭,节俭;让,谦逊。

⑤其诸:或者、大概。

⑥志:志向。

⑦三年无改于父之道:长时间不改变父亲定的规矩。三年,长时间。

⑧和为贵:贵在做到恰到好处。和,恰当、合适。

⑨斯为美:这方面做得很好。斯,这。

⑩节:制约、节制。

⑪信近于义:所讲的信用要符合义。近,符合。

⑫言可复:所说的话才可能实现。复,实现诺言。

⑬远耻辱:免受侮辱。远,动词,使之远离的意思。

⑭宗:主,可靠。

译文

10.子禽问子贡说:"老师每到一个国家,必然会听到有关那个国家的政事,这是他有心求来的呢,还是别人主动告诉给他的呢?"子贡说:"老师具有温、良、恭、俭、让的美德,得到别人的尊敬和信任,使得别人把政事主动告诉给他。他这种获知政事的方法,大概不同于别人获知政事的方法吧?"

11.孔子说:"一个人当父亲在世时,他还没有独立行动的可能,只能看他的志向;他父亲去世后,就要看他的实际行为了,若长期不改变他父亲生前所定的道德规范,他就可以被称为孝子了。"

12.有子说:"礼的应用,贵在用得恰到好处。以前的圣明君主治理国家,在这一点上就做得很好,无论小事大事都做得很恰当。但是如果有行不通的地方,还一味地为和谐而和谐,而不用礼来加以制约,也是不可行的。"

13.有子说:"所讲的信用要符合义,这样,所许下的诺言才可实现。对人敬重符合于礼,就不会受到侮辱了。所依靠的都是可以亲近的人,也就可靠了。"

原文

14.子曰:"君子食无求饱,居无求安①,敏于事而慎于言,就有道而正焉②,可谓好学也已。"

15.子贡曰:"贫而无谄③,富而无骄,何如?"子曰:"可也。未若贫而乐,富而好礼者也。"子贡曰:"《诗》云:'如切如磋,如琢如磨④。'其斯之谓与?"子曰:"赐也,始可与言《诗》已矣,告诸往而知来者⑤。"

16.子曰:"不患人之不己知⑥,患不知人也。"

①安:安逸。

②就有道而正焉:接近有道德的人而改正自己的错误。就,接近。正,改正。

③贫而无谄(chǎn):贫穷而不巴结人。谄,奉承、巴结。

④如切如磋,如琢如磨:见《诗经·卫风·淇奥》。切,把骨头加工成各种形状;磋,把象牙加工成各种形状;琢,把玉加工成各种形状;磨,把石头加工成各种形状。

⑤告诸往而知来者:告诉过去的事就可以推知未来的事。诸,之于的合音。

⑥不己知:即不知己,不了解自己。

14.孔子说:"君子不追求吃得好、住得安逸舒服,做事迅速,说话谨慎,向有道德的人学习而改正自己的错误,这样可以说是好学的了。"

15.子贡说:"贫穷而不去巴结别人,富有而不骄横,怎么样?"孔子说:"这样是可以的,但是比不上贫穷而乐观,富有而崇尚礼节的人。"子贡说:"《诗经》上说:'(自我修养)要像加工骨头、象牙、宝玉、石头一样,切磋它,琢磨它。'讲的就是这个意思吧?"孔子说:"赐呀,现在可以和你谈论《诗经》了,因为告诉你以往的事,就可以知道未来的事了。"

16.孔子说:"别忧虑他人不了解自己,要忧虑自己不了解别人。"

◎为政第二(共二十四章)

"为政"指国君治理国家的政治事务。本篇是孔子关于治理国家的政治思想和政治主张的阐述。

1.子曰:"为政以德,譬如北辰①,居其所而众星共之②。"

2.子曰:"《诗》三百③,一言以蔽之④,曰:'思无邪。'⑤"

3.子曰:"道之以政⑥,齐之以刑⑦,民免而无耻⑧;道之以德,齐之以礼,有耻且格⑨。"

4.子曰:"吾十有五而志于学⑩,三十而立⑪,四十而不惑⑫,五十而知天命⑬,六十而耳顺⑭,七十而从心所欲,不逾矩⑮。"

①北辰:北极星。

②共:拱。环绕。

③《诗》三百:《诗经》共有三百零五篇。"三百"是举其大数。

④蔽:概括。

⑤思无邪:没有邪恶的思想。"思无邪"一语出自《诗经·鲁颂·駉》,孔子借此来评价全部的《诗经》。

⑥道之以政:用政令来引导、管理百姓。道,通"导",引导。

⑦齐之以刑:用刑罚来约束他们。齐,使整齐。

⑧免而无耻:苟免犯罪,而认识不到犯罪是可耻的。免,苟免。无耻,不知耻。

⑨格:纠正。

⑩有:通"又"。

⑪立:做事能合于礼。

⑫不惑:不受迷惑。

⑬天命:天道流行的规律。

⑭耳顺:听到别人说的话,用不着怎么思考,便能领会。

⑮不逾矩:不越过规矩。

1. 孔子说:"治理国家如果能依据道德,那就会像北极星一样,处在自己的位置,众多的星星环绕在它周围。"

2.孔子说:"《诗经》三百篇,用一句话来概括它,就是'没有邪恶的思想'。"

3.孔子说:"用政令来引导百姓,用刑罚来约束他们,这样他们虽然能够苟免犯罪,但却不知道犯罪是可耻的;用道德来引导百姓,用礼来教化他们,这样他们不但知道廉耻,而且会自觉地改正错误。"

4.孔子说:"我十五岁有志于学业,三十岁说话做事都能够合于礼,四十岁明白了各种事情而不受迷惑,五十岁知道天命,六十岁一听到别人说的话,便能了解其主旨,七十岁便随心所欲,所想所做的一切都不会越过规矩。"

5.孟懿子问孝①。子曰:"无违②。"樊迟御③,子告之曰:"孟孙问孝于我,我对曰'无违'。"樊迟曰:"何谓也?"子曰:"生,事之以礼;死,葬之以礼,祭之以礼。"

6.孟武伯问孝④。子曰:"父母,唯其疾之忧⑤。"

7.子游问孝⑥。子曰:"今之孝者,是谓能养⑦。至于犬马,皆能有养⑧。不敬,何以别乎?"

8.子夏问孝。子曰:"色难⑨。有事,弟子服其劳;有酒食,先生馔⑩,曾是以为孝乎⑪?"

①孟懿(yì)子:姓孟孙,名何忌。鲁国大夫。"懿"是他的谥号。

②无违:不要违背礼节。

③樊迟御:樊迟为孔子驾车。樊迟,名须,字子迟,孔子的学生。御,驾车。

④孟武伯:孟懿子之子,名彘。

⑤其疾之忧:为他们的疾病担忧。

⑥子游:姓言,名偃,孔子的学生。

⑦养:供养。

⑧养:饲养。

⑨色难:保持和颜悦色的脸色是难事。

⑩先生馔(zhuàn):父母去吃喝。先生,年长者,此指父母。馔,吃喝。

⑪曾:竟然。

译文

5.孟懿子问孔子什么是孝,孔子说:"不要违背礼。"樊迟给孔子驾车,孔子告诉他说:"孟懿子问我什么是孝,我回答他说'不要违背礼。'"樊迟问:"这话是什么意思?"孔子说:"父母在世时,要按礼来侍奉他们;父母去世,要按照礼来安葬他们,按照礼来祭祀他们。"

6.孟武伯问什么是孝,孔子说:"对待父母,做儿女的要特别为他们的疾病操心。"

7.子游问孔子什么是孝,孔子说:"现在所谓的孝,只是局限于对父母的供养。然而就是狗和马,也都能得到人们的饲养。如果对父母没有孝敬之心,那供养父母和饲养狗马有什么区别呢?"

8.子夏问什么是孝。孔子说:"难得的是儿子经常保持和悦的脸色。有事的时候,儿子替父母去代劳;有了酒食和饭菜,父母去吃去喝,这竟能叫做孝吗?"

原文

9.子曰:"吾与回言终日①,不违,如愚。退而省其私②,亦足以发③,回也不愚。"

10.子曰:"视其所以④,观其所由⑤,察其所安——人焉廋哉⑦?人焉廋哉?"

11.子曰:"温故而知新⑧,可以为师矣。"

12.子曰:"君子不器⑨。"

13.子贡问君子。子曰:"先行其言而后从之⑩。"

14.子曰:"君子周而不比⑪,小人比而不周。"

15.子曰:"学而不思则罔⑫,思而不学则殆⑬。"

16.子曰:"攻乎异端⑭,斯害也已⑮。"

注释

①回:颜回,字子渊。孔子最得意的学生。

②退而省其私:他离开以后,我察看他的私下交谈。

③足以发:能够很好地予以发挥。

④所以:所为。

⑤所由:采用的方法。

⑥所安:安心于做什么。

⑦人焉廋(sōu)哉:这个人怎么还能隐藏呢? 廋,隐藏,隐瞒。

⑧故:旧的、原先的。

⑨器:器具。器具一般只有一种固定的用途。这里用来比喻人的才能有限。

⑩先行其言而后从之:先把要说的话去实践,然后再按照所做的说出来。

⑪周而不比:与周围的大多数人团结而不与少数人勾结、不结党营私。周,团结、合群。比,勾结。

⑫罔(wǎng):迷惑。

⑬殆(dài):危险。

⑭攻乎异端:攻击不同的学说。异端,不同的学说、主张。

⑮已:停止。

9.孔子说："我给颜回讲了一整天课,他没有提出什么不同的看法,好像很愚笨。下了课,我考察他私下里的言行,发现他对我所讲的东西能够充分发挥,看来颜回并不愚笨。"

10.孔子说："考察一个人的所作所为,观察他所采取的方法,考察他安心于做什么。这样,他怎么能隐瞒得了呢?他怎么能隐瞒得了呢?"

11.孔子说："温习已经学过的知识,能够悟出新的见解、获得新的知识,这样就可以当老师了。"

12.孔子说："君子不要像器皿那样,只限于一种用途,要多才多艺。"

13.子贡问怎样才算是君子,孔子说："先把要说的事情去实践,然后再按照所做的说出来,这样才称得上是君子。"

14.孔子说："君子与周围的大多数人团结而不只是和少数几个人勾结,小人只和少数几个人结党营私而不和周围大多数人团结。"

15.孔子说："只读书而不思考,那就会变得迷惑;只是空想而不肯读书,那就危险了。"

16.孔子说："批驳那些异端邪说,祸害自然就停止了。"

17.子曰:"由①,诲女知之乎②?知之为知之,不知为不知,是知也③。"

18.子张学干禄④。子曰:"多闻阙疑⑤,慎言其馀,则寡尤⑥;多见阙殆,慎行其馀,则寡悔。言寡尤,行寡悔,禄在其中矣。"

19.哀公问曰⑦:"何为则民服⑧?"孔子对曰:"举直错诸枉⑨,则民服;举枉错诸直,则民不服。"

20.季康子问⑩:"使民敬、忠以劝⑪,如之何?"子曰:"临之以庄⑫,则敬;孝慈⑬,则忠;举善而教不能⑭,则劝。"

①由:孔子的学生。姓仲,名由,字子路。
②诲女(rǔ):教导你。
③知:同"智",明智,聪明。
④子张:姓颛(zhuān)孙,名师,字子张。孔子的学生。 干禄:谋求做官。干,求。
⑤多闻阙疑:多听别人意见,把有疑惑的问题放在一边。
⑥寡尤:减少过失。尤,过失。
⑦哀公:鲁哀公,鲁国的国君。

⑧何为则民服:怎样做才能让百姓服从。

⑨举直错诸枉:把正直的人安排在邪恶的人之上。举直,选拔正直的人。错,同"措",放置,安排。诸,"之于"的合音。枉,邪恶的、不正直的。

⑩季康子:姓季孙,名肥。鲁哀公时的大夫。

⑪使民敬、忠以劝:使人民尊敬我、忠于我而又勤勉劳作。劝,努力、劝勉。

⑫临之以庄:对待他们要以庄重的态度。

⑬孝慈:对父母孝顺、对百姓慈爱。

⑭举善而教不能:选拔任用优秀善良的人,教育那些能力差的人。

【译文】

17.孔子说:"仲由,我教给你的知识知道了吗?知道就是知道,不知道就是不知道,这种态度才是明智的。"

18.子张向孔子请教做官的方法。孔子说:"要多听,有怀疑的地方予以保留,其馀有把握的地方谨慎地说出来,这样就可以少犯错误。要多看,把没有把握的事情先放在一边,其馀有把握的事情谨慎地去做,这样就可以减少后悔。说话少犯错误,做事减少后悔,谋求官职的方法就在其中。"

19.鲁哀公问孔子:"怎样做才能使人民服从呢?"孔子回答说:"选拔正直的人,把他们安排在邪恶的人之上,人民就会服从;选拔邪恶的人,安排在正直的人之上,人民就不会服从。"

20.季康子问孔子:"要使人民对我尊敬、忠实而又勤勉劳作,应该如何办呢?"孔子说:"你对待他们要庄重,他们就会尊敬你;你对父母孝敬、对众人慈爱,他们就会忠实于你;你提拔优秀的人,教育那些能力差的人,人民就会互相勉励而努力干了。"

【原文】

21.或谓孔子曰①:"子奚不为政②?"子曰:"《书》云③:'孝乎惟孝,友于兄弟,施于有政④。'是亦为政,奚其为为政?"

22.子曰:"人而无信⑤,不知其可也。大车无輗⑥,小车无軏⑦,其何以行之哉?"

23.子张问:"十世可知也⑧?"子曰:"殷因于夏礼⑨,所损益可知也⑩;周因于殷礼,所损益可知也。其或继周者,虽百世可知也。"

24.子曰:"非其鬼而祭之⑪,谄也⑫。见义不为,无勇也⑬。"

【注释】

①或:有人。

②奚(xī):为什么。

③书:即《尚书》。

④施于有政:把这种做法推广到政治方面。施,推广。

⑤无信:不讲信用。

⑥辀(ní):古代大车车辕前与横木相接的关键处。古代称用牛拉的载重车为大车。

⑦轨(yuè):古代小车车辕前与横木相接的关键处。古代称用马拉的载人的车为小车。

⑧十世:十代。古代以三十年为一世。

⑨殷因于夏礼:商朝因袭夏朝的礼仪制度。殷,殷朝,即商朝。夏,夏朝。因,因袭,沿用。

⑩损益:废除和增加。

⑪非其鬼而祭之:不是自己的祖先却去祭祀他。鬼,死去的祖先。

⑫谄:谄媚。

⑬无勇:没有勇气。

21.有人对孔子说:"你为什么不出来做官参与政治活动?"孔子说:"《尚书》上说:'孝嘛,就是孝敬父母,友爱兄弟,把这种精神推广到政治上去。'这也就是参与政治,为什么一定要做官才算参与政治呢?"

22.孔子说:"一个人不讲信用,真不知道那怎么可以立身处世呢! 这就好像大车没有辀小车没有轨一样,那怎么能行走呢?"

23.子张问孔子:"十代以后的礼法制度可以知道吗?"孔子说:"商朝继承了夏朝的礼制,所减少的和所增加的,那是可以知道的;周代又继承了商代的礼制,所减少和所增加的,是可以知道的;如果将来有继承周朝礼制的,也不过是增加或减少,就是往后传一百代,也是可以知道的。"

24.孔子说:"不是自己的祖先却去祭祀他,就是谄媚。看到正义的事情却不去做,就是没有勇气。"

诸
子
百
家
卷

◎ 八佾第三（共二十六章）

题解

"八佾(yì)"是天子所用的一种乐舞,排列成行,纵横均为八人,共六十四人。本篇主要阐述礼乐的实质,批判了当时礼乐崩坏的现实。

原文

1.孔子谓季氏①,"八佾舞于庭②,是可忍也,孰不可忍也③!"

2.三家者以《雍》彻④。子曰:"'相维辟公,天子穆穆⑤。'奚取于三家之堂?"

3.子曰:"人而不仁,如礼何? 人而不仁,如乐何?"

4.林放问礼之本⑥。子曰:"大哉问⑦! 礼,与其奢也,宁俭;丧,与其易也⑧,宁戚⑨。"

5.子曰:"夷狄之有君⑩,不如诸夏之亡也⑪。"

6.季氏旅于泰山⑫,子谓冉有曰⑬:"女弗能救与⑭?"对曰:"不能。"子曰:"呜呼! 曾谓泰山不如林放乎⑮?"

注释

①季氏:鲁国的大夫季孙氏。

②八佾(yì):古代奏乐舞蹈的行列。佾,行列。一佾为八人,八佾为六十四人。周礼规定,天子乐舞用八佾,诸侯乐舞用六佾,大夫乐舞用四佾。季氏是大夫,只能用四佾,而他竟然用了八佾,是严重的越轨行为。

③孰不可忍也:还有什么事不可以容忍呢? 孰,什么。

④三家:鲁国大夫孟孙氏、叔孙氏、季孙氏。以《雍》彻:唱着《雍》这首诗歌来撤除祭品。《雍》,《诗经·周颂》中的一篇,这是古代天子在祭祀宗庙之后撤除祭品时专门唱的。彻,同"撤",撤除。

⑤相维辟公,天子穆穆:见《诗经·周颂·雍》。其意为:协助祭祀的是四方诸侯,天子才是庄严肃穆的主祭者。相,协助。维,助词,没有实际意义。穆穆,严肃静穆。

⑥林放:字子上,鲁国人。

⑦大哉问:这个问题意义重大。

⑧易:隆重地办理丧葬。

⑨戚:悲伤。

⑩夷狄:古代汉族对少数民族的称呼。夷,东方的少数民族。狄,北方的少数民族。

⑪诸夏:居住在中原的华夏族各诸侯国。亡,同"无"。

⑫旅于泰山:祭祀泰山。古代祭祀山川称"旅"。按周礼规定,只有天子才有资格祭祀名山大川,而季氏是大夫,孔子认为他去祭祀泰山是越礼行为。

⑬冉有:名求,字子有,孔子的学生,季氏的家臣。

⑭女弗能救与:你不能阻止这件事吗？救,劝阻。

⑮曾谓泰山不如林放乎:莫非说泰山之神还不如林放知礼吗？（竟会接受季氏越礼的祭祀。）

1.孔子谈论到季氏,说:"他在庭院里居然越级用了八佾的乐舞,如果这种事都可以容忍的话,那还有什么事不可以容忍呢？"

2.孟孙、叔孙、季孙三家,在祭祀完祖先后,唱着《雍》这首诗歌来撤出祭品。孔子说:"《雍》诗中说:'助祭的是四方诸侯,天子是肃穆的主祭者。'像《雍》这样的诗篇怎么能用在三家祭祖的庙堂上呢？"

3.孔子说:"一个人不讲仁爱,如何对待礼仪呢？一个人不讲仁爱,如何对待音乐呢？"

4.林放问孔子礼的本质是什么。孔子说:"你提的这个问题意义重大。礼节仪式,与其奢侈,不如节俭;丧葬仪式,与其隆重铺张,不如内心真诚悲哀地悼念死者。"

5.孔子说:"夷狄虽然有君主（却不懂得礼仪）,还不如中原各诸侯国没有君主（却讲究礼仪）。"

6.季氏要去祭祀泰山。孔子对冉有说:"你不能劝阻他吗？"冉有回答说:"不能。"孔子说:"哎呀! 莫非说泰山之神还不如林放知礼吗？（竟会接受季氏越礼的祭祀。）"

7.子曰:"君子无所争。必也射乎①! 揖让而升②,下而饮③。其争也君子。"

8.子夏问曰:"'巧笑倩兮,美目盼兮,素以为绚兮④。'何谓也?"子曰:"绘事后素⑤。"曰:"礼后乎?"子曰:"起予者商也⑥! 始可与言《诗》已矣。"

9.子曰:"夏礼,吾能言之,杞不足征也⑦;殷礼,吾能言之,宋不足征也。文献不足故也⑧,足,则吾能征之矣。"

10.子曰:"禘自既灌而往者⑨,吾不欲观之矣⑩。"

11.或问禘之说。子曰:"不知也⑪。知其说者之于天下也,其如示诸斯乎⑫!"指其掌。

12.祭如在,祭神如神在。子曰:"吾不与祭⑬,如不祭。"

①射:射箭,此处指射箭比赛。

②揖让而升:双方拱手行礼,登堂比赛。揖,作揖。让,谦让。升,登阶入堂。

③饮:喝酒。

中国家庭基本藏书

④巧笑倩兮,美目盼兮,素以为绚兮:前两句出自《诗经·卫风·硕人》,后一句为逸句。这几句诗的原意是赞美女子的美丽容貌。巧笑倩兮,美好的笑脸真好看啊! 美目盼兮,美丽的眼珠黑白分明。素以为绚兮,洁白的脸庞被化妆得绚丽多彩。

⑤绘事后素:绘画先有白底子,然后再着色描画。后素,在素之后。

⑥起予者商也:能启发我的人是你卜商。起,启发。商,卜商,即子夏。

⑦杞不足征也:杞国不足以作证。征,证明。

⑧文献不足故也:这是由于历史典籍和熟悉古礼的贤者不够的缘故。文,典籍。献,贤者。

⑨禘自既灌而往者:举行禘祭的典礼时,从第一次献酒之后。禘(dì),古代一种很隆重的祭礼,只有天子才可以用这种礼。既,已经。灌,祭祀开始时的第一次献酒仪式。

⑩吾不欲观之矣:我不想看下去了。鲁国是周公的封地,周公死后,周成王特许周公的后代用禘礼祭祀他。后来,鲁国的君主竟沿用禘礼,孔子认为这是一种越礼行为,所以说他不想往下看。

⑪不知也:不知道。孔子对鲁国君主的越礼行为不满,所以有意说不知道。

⑫其如示诸斯乎:那就像把东西摆在这里一样吧! 示,摆放。诸,之于。

⑬与祭:参与祭祀。

译文

7.孔子说:"君子没有什么可争的事情。如果有所争的话,也必定是射箭比赛吧! 就是比赛时,也是相互揖谦让,然后登堂比赛,比赛之后走下堂来互相敬酒。这样的竞争,是一种君子之争。"

8.子夏问孔子:"'巧笑倩兮,美目盼兮,素以为绚兮。'这三句诗是什么意思呢?"孔子说:"这和绘画一样,先有白底子,然后才着色绘画。"子夏说:"那么,是不是礼乐产生在仁义之后呢?"孔子说:"能对我有所启发的是你卜商啊! 现在可以和你谈论《诗经》了。"

9.孔子说:"夏朝的礼仪,我能说出来,但它的后代杞国不足以作证;商朝的礼仪,我能说出来,但它的后代宋国不足以作证。这是由于他们的历史典籍和熟悉古礼的贤者不够。如果有足够的"文献",我就能用它来作证明了。"

10.孔子说:"举行禘祭的典礼时,从第一次的献酒之后,我就不想往下看了。"

11.有人问孔子"禘祭"的来龙去脉。孔子说:"我不知道。能懂得这种道理的人治理天下,就像把东西摆在这里一样吧!"孔子一边说,一边指着自己的手掌。

12.(孔子认为)祭祀祖先就如同祖先真在那里,祭祀神就如同神真在那里。孔子说:"我如果不亲自参加祭祀,(由别人代祭)那就和不祭祀是一样的。"

原文

13.王孙贾问曰①:"'与其媚于奥,宁媚于灶'②,何谓也?"子曰:"不然。获罪于天,无所祷也。"

14.子曰:"周监于二代③,郁郁乎文哉④! 吾从周。"

15.子入太庙⑤,每事问。或曰:"孰谓鄹人之子知礼乎⑥? 入太庙,每事问。"子闻之,曰:"是礼也。"

16.子曰:"射不主皮⑦,为力不同科⑧,古之道也。"

17.子贡欲去告朔之饩羊⑨。子曰:"赐也! 尔爱其羊,我爱其礼。"

18.子曰:"事君尽礼⑩,人以为谄也⑪。"

19.定公问⑫:"君使臣⑬,臣事君,如之何?"孔子对曰:"君使臣以礼,臣事君以忠。"

20.子曰:"《关雎》乐而不淫⑭,哀而不伤。"

21.哀公问社于宰我⑮,宰我对曰:"夏后氏以松⑯;殷人以柏;周人以栗,曰:使民战栗⑰。"子闻之,曰:"成事不说,遂事不谏⑱,既往不咎⑲。"

①王孙贾:卫国的大夫。

②与其媚于奥,宁媚于灶:与其巴结奥神,不如巴结灶神。奥,屋内西南角的神。奥神的地位高于灶神。灶神地位虽低,但上可通天,决定人的祸福,所以古代有"宁媚于灶"的说法。

③周监于二代:周代礼乐制度是借鉴夏、商两代而制定的。监,通"鉴",借鉴。

④郁郁:原意为草木茂密。此处指周代的礼制丰富多彩。

⑤太庙:古代称开国君主的庙为太庙。此处指周公庙。

⑥鄹人之子:即孔子。鄹(zōu)人,孔子的父亲叔梁纥(hé)在鄹邑做过大夫,故称鄹人。

⑦射不主皮:射箭不在于射透箭靶。皮,箭靶。

⑧为力不同科:因为每个人的力气大小不同。科,等级。

⑨去告朔之饩(xì)羊:省去每月初一祭祖庙的那头活羊。告朔,周代制度,诸侯在每月初一到祖庙杀一只活羊祭祀,然后回朝听政,这种仪式称"告朔"。举行"告朔"仪式时所用的活羊叫"饩羊"。

⑩事君尽礼:完全按照周礼的规定侍奉君主。

⑪谄(chǎn):讨好、奉承。

⑫定公:鲁国的君主。鲁定公时,孔子担任鲁国司寇。

⑬君使臣:君主使用臣下。

⑭乐而不淫:欢乐而不放荡。淫,放纵、放荡、过分。

⑮哀公问社于宰我:鲁哀公问宰我,祭祀土地神的神主用什么木料做。社,土地神。宰我,孔子的学生。

⑯夏后氏:指夏代。

⑰使民战栗:使百姓害怕得发抖。

⑱遂事不谏:已经完成的事就不用再规劝了。谏,规劝。

⑲既往不咎:已经过去的事不要再追究。咎,责备。

13.王孙贾问孔子:"与其巴结奥神,不如巴结灶神。这句话是什么意思?"孔子说:"不是那样。如果得罪了上天,那就没有地方可以祈祷了。"

14.孔子说:"周代的礼乐制度是借鉴夏、商两代的制度而制定的,丰富多彩,我拥护周的礼制。"

15.孔子进入太庙,对每件事都要问一问。有人说:"谁说叔梁纥的儿子知道礼呢? 他进入太庙,每件事都要问一问。"孔子听到后说:"这样做,就是礼啊。"

16.孔子说:"(举行射礼比赛时)射箭不在于射透箭靶子,(只要中靶就可以)这是因为各个人的力气大小不同。这是古代的规矩。"

17.子贡想把每月初一祭祀祖庙的那头活羊省去不用。孔子说:"子贡呀,你爱惜的是那头羊,我爱惜的是那种礼仪。"

18.孔子说:"我按照做臣下的礼节去侍奉君主,别人却认为是向君主讨好、奉承。"

19.鲁定公问孔子说:"君主使用臣下,臣下侍奉君主,应该如何去做?"孔子回答说:"君主使用臣下应当以礼相待,臣下侍奉君主应当以忠诚相待。"

20.孔子说:"《关雎》一诗,欢乐而不放荡,哀愁而不悲伤。"

21.鲁哀公问宰我,祭祀土地神的神主用什么木料。宰我回答说:"夏朝人用松树,商朝人用柏树,周朝人用栗子树。用栗木的意思是让百姓害怕得发抖。"孔子听了以后,(批评宰我)说:"已经做过的事情不用再说了,已经完成的事不必再规劝了,已经过去的事不要再去责备追究了。"

22.子曰:"管仲之器小哉①!"或曰:"管仲俭乎?"曰:"管氏有三归②,官事不摄③,焉得俭!""然则管仲知礼乎?"曰:"邦君树塞门④,管氏亦树塞门;邦君为两君之好,有反坫⑤,管氏亦有反坫。管氏而知礼,孰不知礼?"

23.子语鲁大师乐⑥,曰:"乐其可知也:始作,翕如也⑦;从之,纯如也⑧,皦如也⑨,绎如也⑩,以成。"

24.仪封人请见⑪,曰:"君子之至于斯也,吾未尝不得见也。"从者见之。出曰:"二三子何患于丧乎⑫! 天下之无道也久矣,天将以夫子为木铎⑬。"

25.子谓《韶》⑭:"尽美矣⑮,又尽善也⑯。"谓《武》⑰:"尽美矣,未尽善也。"

26.子曰:"居上不宽⑱,为礼不敬⑲,临丧不哀,吾何以观之哉?"

①器:器量、度量。
②三归:指市租。
③官事不摄:官员们都人专一职而不兼职。摄,兼任。

④邦君树塞门：国君的门前立一个照壁。邦君，诸侯国国君。塞门，照壁、萧墙。

⑤反坫(diàn)：放置空酒杯的土台子。

⑥子语鲁大师乐：孔子把演奏音乐的道理讲给鲁国的乐官。大师，太师，掌管音乐的官员。

⑦翕(xī)如：合奏。如，形容词词尾。

⑧从之，纯如也：乐曲展开以后，和谐悦耳。

⑨皦(jiǎo)如：音节分明、清晰。

⑩绎如：连续不断。

⑪仪封人：在仪地防守边界的官员。仪，地名。封，边界。

⑫二三子何患于丧乎：你们几位何必担心孔夫子没有官职呢？丧，失去。

⑬木铎(duó)：有木舌的铜铃。古代宣布政令时摇木铎召集众人。

⑭《韶》：相传为舜时的乐曲名。

⑮尽美：声音很美。

⑯尽善：内容很好。

⑰《武》：相传为周武王时的乐曲名。因为舜是揖让得天下，武王则是经过征伐而得天下，所以就其内容来说，是有差别的。

⑱居上不宽：处于高位的人待下不能宽宏大量。

⑲为礼不敬：行礼时不严肃、恭敬。

22.孔子说："管仲的器量真小呀！"有人问："管仲生活节俭吗？"孔子说："管仲家里有收来大量的租子，下属官员们都人专一职而不兼职，哪里能说得上节俭呢？""那么管仲懂得礼吗？"孔子说："国君的宫门前立有照壁，管仲的门前也立了一个照壁。国君招待别国君主，举行友好会见时，在堂上设有放置空酒杯的台子，管仲也这样做。如果说管仲懂得礼，还有谁不懂得礼呢？"

23.孔子对鲁国的乐官谈论音乐的演奏，说："音乐演奏的过程是可以知道的：开始演奏时，音乐合奏；接下来，纯熟和谐，节奏分明，连绵不断，然后曲终。"

24.有一位在仪地防守边界的官员，请求见孔子。他说："凡是君子来到这里，我没有不和他见面的。"孔子的随从领他见了孔子。这个人出来对孔子的随从说："你们几位何必担心孔夫子没有官职呢？天下无道的时间很久了，上天将把孔夫子做个唤醒百姓的木铎。"

25.孔子评价《韶》这一乐曲时说："音律很美，内容也很好。"评价《武》这一乐曲时说："音律很美，内容不十分好。"

26.孔子说："处于高位的人对下不能宽宏大量，执行礼仪时不认真、恭敬，参加丧礼时不表示哀悼，这让我怎么能看得下去呢？"

◎里仁第四(共二十六章)

题解

本篇集中论述了孔子所倡导的"仁"。

原文

1.子曰:"里仁为美①。择不处仁②,焉得知③?"

2.子曰:"不仁者不可以久处约④,不可以长处乐。仁者安仁,知者利仁⑤。"

3.子曰:"唯仁者能好人⑥,能恶人⑦。"

4.子曰:"苟志于仁矣,无恶也⑧。"

5.子曰:"富与贵,是人之所欲也,不以其道得之,不处也⑨;贫与贱,是人之所恶也,不以其道得之,不去也⑩。君子去仁,恶乎成名⑪?君子无终食之间违仁⑫,造次必于是⑬,颠沛必于是⑭。"

注释

①里仁为美:居住在有仁德的地方是美好的。里仁,与有仁德的人为邻里。里,居住的位置。

②择不处仁:不选择有仁德的地方居住。处,居住。

③知:通"智",聪明。

④久处约:长期处于穷困之中。约,穷困。

⑤知者利仁:有智慧的人善于利用仁德。

⑥好(hào)人:喜爱某人。

⑦恶(wù)人:厌恶某人。

⑧无恶:不去做坏事。恶,坏事。

⑨不处:不享受。

⑩不去:不摆脱。

⑪恶(wū)乎成名:怎么能成名?

⑫终食之间:一顿饭的工夫。

⑬造次:紧迫、仓卒。

⑭颠沛:流离穷困。

译文

1.孔子说:"居住在有仁德的地方是美好的。如果不选择有仁德的地方居住,哪能算得上明智呢?"

2.孔子说:"没有仁德的人不能长久地过穷困的生活,也不能长久地过安乐的生活。有仁德的人安心于实行仁德,有智慧的人善于利用仁德。"

3.孔子说:"只有具备仁德的人,才能(得当公正地)喜爱某人,厌恶某人。"

4.孔子说:"一个人如果立志实行仁德,那他就不会去做坏事了。"

5.孔子说:"发财和升官,是人们都想得到的,如果不用正当的方法去获得,君子是不会接受的。贫困和卑贱,这是每个人都厌恶的,如果不是用正当的手段去摆脱它们,君子是不会摆脱的。君子离开了仁德,如何成就他的名声呢?君子即使是一顿饭的工夫也不会离开仁德,在最急迫的时候也不忘记仁德,在流离穷困的时候也要实行仁德。"

6.子曰:"我未见好仁者,恶不仁者。好仁者,无以尚之①;恶不仁者,其为仁矣,不使不仁者加乎其身②。有能一日用其力于仁矣乎?我未见力不足者。盖有之矣,我未之见也。"

7.子曰:"人之过也,各于其党③。观过,斯知仁矣④。"

8.子曰:"朝闻道⑤,夕死可矣。"

9.子曰:"士志于道,而耻恶衣恶食者,未足与议也。"

10.子曰:"君子之于天下也,无适也,无莫也⑥,义之与比⑦。"

11.子曰:"君子怀德,小人怀土⑧;君子怀刑⑨,小人怀惠。"

12.子曰:"放于利而行⑩,多怨。"

13.子曰:"能以礼让为国乎⑪?何有⑫?不能以礼让为国,如礼何?"

14.子曰:"不患无位,患所以立⑬;不患莫己知,求为可知也。"

①尚:超过。
②加乎其身:对自己有影响。
③各于其党:各自同他那一类的人一样。党,同类的人。
④斯知仁矣:知道这个人属于哪种人。
⑤道:真理、道理。
⑥无适也,无莫也:无可无不可。没有一定要做的,也没有一定不要做的。
⑦义之与比:与义靠近。比,靠近。
⑧怀土:关心土地、住宅。
⑨怀刑:关心法度。
⑩放于利而行:为追求私利而做事。放,通"仿",仿照,依照。
⑪能以礼让为国乎:能够以礼让的原则来治理国家吗?
⑫何有:有什么困难?

6.孔子说:"我没有见过爱好仁德的人,也没有见过厌恶不仁的人。爱好仁德的人,那是再好不过的了。厌恶不仁的人,其实行仁德时,不会使不仁的人对自己有不好的影响。有人能整天致力于仁德吗?我没有见过这样做了力量还不够的。这样的人也许是有的,但我没有见过。"

7.孔子说:"人的过错,有各自的类别。观察一个人所犯的错误,就知道他是哪一类的人了。"

8.孔子说:"早上知道了真理,晚上就死去,也是可以的。"

9.孔子说:"读书人有志于追求真理,而又以穿的衣服不好和吃的饭菜不好为耻辱,这种人是不值得与他谈论的。"

10.孔子说:"君子对于天下的事,没有一定要做的,也没有一定不要做的,而是一切服从于义。"

11.孔子说:"君子关心的是道德教化,小人关心的是土地住宅;君子关心的是法度,小人关心的是实惠。"

12.孔子说:"为追求私利而做事,会招致许多人的怨恨。"

13.孔子说:"能够以礼让的原则来治理国家,那还有什么困难呢?不能以礼让的原则来治理国家,如何能实行周礼呢?"

14.孔子说:"不要担忧自己有没有官职地位,而应考虑自己有没有能胜任职位的本领。不要担忧没有人知道自己,只求自己能成为值得别人知道的人。"

15.子曰:"参乎①!吾道一以贯之。"曾子曰:"唯②。"子出,门人问曰:"何谓也?"曾子曰:"夫子之道,忠恕而已矣③。"

16.子曰:"君子喻于义④,小人喻于利。"

17.子曰:"见贤思齐焉⑤,见不贤而内自省也⑥。"

18.子曰:"事父母几谏⑦。见志不从,又敬不违,劳而不怨。"

19.子曰:"父母在,不远游。游必有方⑧。"

20.子曰:"三年无改于父之道,可谓孝矣。"

21.子曰:"父母之年,不可不知也。一则以喜,一则以惧。"

22.子曰:"古者言之不出⑨,耻躬之不逮也⑩。"

23.子曰:"以约失之者鲜矣⑪。"

24.子曰:"君子欲讷于言⑫,而敏于行⑬。"

25.子曰:"德不孤,必有邻⑭。"
26.子游曰:"事君数⑮,斯辱矣⑯;朋友数,斯疏矣。"

①参:曾参。
②唯:是(表示赞同)。
③忠恕:忠诚、宽容。
④君子喻于义:君子懂得义。喻,明白,懂得。
⑤见贤思齐:看到有贤德的人就想着向他学习。齐,向……看齐。
⑥内自省(xǐng):自我反省。
⑦几谏:委婉地劝说。
⑧有方:有一定的方位。
⑨言之不出:不轻易承诺。
⑩耻躬之不逮也:认为说出来却做不到是耻辱的。躬,亲自。此处指自己的行动。逮,赶上。
⑪约:约束。 失:过失。
⑫讷(nè)于言:谨慎地说话。讷,迟钝。
⑬敏于行:敏捷地行动。敏,敏捷。
⑭德不孤,必有邻:有道德的人不会孤立,必然有同他亲近的人。邻,邻居。这里指亲近的人。
⑮事君数(shuò):侍奉君主,多次提意见。
⑯斯辱矣:就会招致羞辱。斯,就。

15.孔子说:"曾参啊!我所主张的'道'是由一个根本的宗旨而贯彻始终的。"曾参说:"是的。"孔子出去后,别的学生问曾参:"老师的话是什么意思?"曾参说:"老师所主张的道,不过是忠诚、宽容罢了。"

16.孔子说:"君子懂得义,小人只知道私利。"

17.孔子说:"看到有贤德的人就想着向他学习,看到不贤的人,就应该自我反省。"

18.孔子说:"侍奉父母,(如果他们有什么不对的地方)要婉转地进行劝说。看到父母从心里不愿听从意见,还是要恭恭敬敬,而不要违背。为父母而操劳,也不要怨恨。"

19.孔子说:"父母在世,不要远离家乡去游学。如果一定需要出游,就要有确定的地方。"

20.孔子说:"(父亲死后)三年不改变父亲所坚持的原则,可以说是做到了孝。"

21.孔子说:"父母的年龄,不可以不知道。一方面为他们高寿而高兴,一方面为他们年老而担心。"

22.孔子说:"古人是不轻易承诺的,认为说出来而做不到是耻辱的。"

23.孔子说:"能经常约束自己的人,过失就少了。"

24.孔子说:"君子说话要谨慎,行动要敏捷。"

25.孔子说:"有道德的人不会陷于孤立,必然会有同他相亲近的人。"

26.子游说:"侍奉君主,如果多次提意见,就会招致羞辱。对待朋友,如果多次提意见,就会造成疏远。"

◎公冶长第五(共二十八章)

题解

　　本篇从各个方面、各个角度介绍了孔门弟子的德行和才能,是了解儒家学派的第一手资料。

原文

　　1.子谓公冶长①:"可妻也②。虽在缧绁之中③,非其罪也。"以其子妻之④。

　　2.子谓南容⑤:"邦有道⑥,不废⑦;邦无道,免于刑戮。"以其兄之子妻之。

　　3.子谓子贱⑧:"君子哉若人⑨! 鲁无君子者,斯焉取斯⑩? "

　　4.子贡问曰:"赐也何如? "子曰:"女⑪,器也。"曰:"何器也? "曰:"瑚琏也⑫。"

　　5.或曰:"雍也仁而不佞⑬。"子曰:"焉用佞! 御人以口给⑭,屡憎于人。不知其仁,焉用佞! "

　　6.子使漆雕开仕⑮。对曰:"吾斯之未能信⑯。"子说⑰。

　　7.子曰:"道不行,乘桴浮于海⑱,从我者,其由与?"子路闻之喜。子曰:"由也好勇过我,无所取材⑲。"

①公冶长:姓公冶,名长,字子长,孔子的学生。传说他懂得鸟语。
②可妻也:可以把女儿嫁给他做妻子。妻,名词动用。
③缧绁(léixiè):捆绑犯人用的绳子。代指监牢。
④其子:自己的女儿。
⑤南容:姓南宫,名适,字子容,孔子的学生。
⑥邦有道:国家政治清明。
⑦不废:不会被弃置不用。
⑧子贱:人名,姓宓(fú),名不齐,孔子的学生。
⑨若人:这个人。
⑩斯焉取斯:他从哪里取得这种品德呢? 第一个"斯",是指子贱这个人。第二个"斯",指君子的品德。
⑪女:汝,你。
⑫瑚琏:古代祭祀时盛粮食的器具,上面装饰有玉,相当珍贵。

⑬雍:姓冉,名雍,字仲弓,孔子的学生。佞(nìng):有口才。
⑭御人以口给(jǐ):快嘴利舌与别人辩驳。御人,与人顶嘴。口给,嘴巧。
⑮漆雕开:人名,孔子的学生。
⑯吾斯之未能信:"吾未能信斯"的倒装。信,自信。斯,做官的事。
⑰说(yuè):同"悦"。
⑱桴(fú):渡水用的木排或竹排。
⑲材:同"裁"。古字借用。意为裁度事理。

译文

1.孔子谈论到公冶长时,说:"可以把女儿嫁给他。虽然他被囚禁在监狱中,但他是无罪的。"于是把女儿嫁给了公冶长。

2.孔子提到南容时,说:"国家政治清明时,他不会被弃置不任用;国家政治混乱时,他也能免遭刑罚。"于是把自己的侄女嫁给他。

3.孔子评论子贱:"这个人真是正人君子啊!假如鲁国没有君子,他从哪里取得这种品德呢?"

4.子贡问孔子说:"您对我有什么看法?"孔子说:"你像是一种器具。"子贡问:"是个什么器具呢?"孔子说:"是瑚琏。"

5.有人说:"冉雍这个人有仁德而口才不好。"孔子说:"口才好有什么用呢?快嘴利舌与别人顶嘴,常常让人讨厌。我不清楚冉雍是否有仁德,但有好口才有什么用呢?"

6.孔子让漆雕开去做官,漆雕开说:"我对这个事情还没有信心。"孔子听了很高兴。

7.孔子说:"我的主张如果不能实行,我就乘木筏到海上去,跟随我的人,大概只有仲由吧!"子路(仲由)听了很高兴。孔子说:"仲由啊,你只是比我勇敢些,但不能裁度事理,以适于义。"

原文

8.孟武伯问:"子路仁乎?"子曰:"不知也。"又问。子曰:"由也,千乘之国,可使治其赋也①,不知其仁也。""求也何如?"子曰:"求也,千室之邑②,百乘之家③,可使为之宰也④,不知其仁也。""赤也何如⑤?"子曰:"赤也,束带立于朝⑥,可使与宾客言也,不知其仁也。"

9.子谓子贡曰:"女与回也孰愈⑦?"对曰:"赐也何敢望回⑧?回也闻一以知十,赐也闻一以知二。"子曰:"弗如也,吾与女⑨,弗如也。"

10.宰予昼寝。子曰:"朽木不可雕也,粪土之墙不可杇也⑩。于予与何诛⑪?"子曰:"始吾于人也,听其言而信其行;今吾于人也,听其言而观其行。于予与改是。"

11.子曰:"吾未见刚者⑫。"或对曰:"申枨⑬。"子曰:"枨也欲⑭,焉得刚?"

12.子贡曰:"我不欲人之加诸我也,吾亦欲无加诸人。"子曰:"赐也,非尔所及也。"

13.子贡曰:"夫子之文章⑮,可得而闻也;夫子之言性与天道⑯,不可得而闻也。"

14.子路有闻,未之能行,唯恐有闻⑰。

15.子贡问曰:"孔文子何以谓之'文'也⑱?"子曰:"敏而好学,不耻下问,是以谓之'文'也。"

①治其赋:古代以田赋地税出兵役,故称兵为赋。治其赋,即管理军事。
②千室之邑:有一千户人家的城邑。
③百乘之家:有一百辆兵车的采邑(领地)。
④宰:一邑之长或大夫的家臣。
⑤赤:姓公西,名赤,孔子的学生。
⑥束带立于朝:穿戴好礼服去上朝。
⑦孰愈:谁更好一些?愈,胜。
⑧望:比。
⑨吾与女:我赞同你的话。
⑩圬(wū):同"圬"。泥瓦工抹墙的抹子,这里是涂抹、粉刷的意思。
⑪诛:责备、指责。
⑫刚:坚强不屈。
⑬申枨(chéng):孔子的学生。
⑭欲:欲望。
⑮文章:有关诗、书、礼等文献方面的学问。
⑯性与天道:人的本性与天命。
⑰有闻:又听到。有,同"又"。
⑱孔文子何以谓之'文'也:孔文子的谥号为什么称为'文'呢?孔文子,卫国的大夫。

译文

　　孟武伯问孔子:"子路是有仁德的人吗?"孔子说:"不知道。"孟武伯又问。孔子说:"子路这个人,可以让他在一个有千辆兵车的国家主管军事,但是我不知道他能不能做到'仁'。"孟武伯又问:"冉求这个人怎么样?"孔子说:"冉求这个人,可以让他在一个有千户人家的城邑或一个有百辆兵车的采邑担任主管,但是我不知道他能不能做到'仁'。"孟武伯又问:"公西赤怎么样?"孔子说:"公西赤这个人,可以让他穿上礼服,站在朝堂上接待宾客,但是我也不知道他能不能做到'仁'。"

9.孔子对子贡说:"你和颜回相比,谁更好一些?"子贡说:"我怎么能和颜回相比呢?颜回听到一件事,可以推知十件事。我听到一件事,只能推知两件事。"孔子说:"你是不如他,我同意你的话。"

10.宰予白天睡觉。孔子说:"腐朽的木头是无法雕刻的,粪土一样的墙壁是无法粉刷的。对于宰予这个人,我何必去责备呢?"孔子又说:"原来,我对于人,听了他的话会相信他的行动;现在,我对于人,听了他的话还要观察他的行动。从宰予这件事之后我改变了态度。"

11.孔子说:"我没有见过坚强不屈的人。"有人回答说:"申枨就是这样的人。"孔子说:"申枨这个人欲望太多,怎能刚强?"

12. 子贡说:"我不愿意别人把某件事强加于我,我也不愿意把某件事强加于人。"孔子说:"赐呀,这不是你所能做到的。"

13.子贡说:"老师关于古代文献方面的学问,我们可以学到领会到;老师关于人性和天道的论述,我们却学不到领会不了。"

14.子路听到某一道理,在还没有实行的时候,惟恐又听到另一道理。

15.子贡问道:"孔文子的谥号为什么称为'文'呢?"孔子回答说:"他聪明而好学,不把向不如自己的人请教当做耻辱,所以给他'文'的谥号。"

原文

16.子谓子产①:"有君子之道四焉:其行己也恭②,其事上也敬,其养民也惠,其使民也义。"

17.子曰:"晏平仲善与人交③,久而敬之。"

18.子曰:"臧文仲居蔡④,山节藻棁⑤,何如其知也!"

19.子张问曰:"令尹子文三仕为令尹⑥,无喜色;三已之⑦,无愠色。旧令尹之政,必以告新令尹,何如?"子曰:"忠矣。"曰:"仁矣乎?"曰:"未知,焉得仁?""崔子弑齐君⑧,陈文子有马十乘,弃而违之⑨。至于他邦,则曰:'犹吾大夫崔子也。'违之。之一邦,则又曰:'犹吾大夫崔子也。'违之。何如?"子曰:"清矣。"曰:"仁矣乎?"曰:"未知,焉得仁?"

20.季文子三思而后行⑩。子闻之,曰:"再,斯可矣。"

21.子曰:"宁武子,邦有道则知⑪,邦无道则愚⑫。其知可及也,其愚不可及也。"

22.子在陈,曰:"归与!归与!吾党之小子狂简⑬,斐然成章,不知所以裁之。"

23.子曰:"伯夷、叔齐不念旧恶,怨是用希⑭。"

①子产:姓公孙,名侨,字子产,郑国的大夫,著名的贤相。

②行己也恭:自己的行为庄重、谦恭。

③晏平仲:即晏婴,齐国大夫。

④臧文仲居蔡:臧文仲,鲁国大夫。居蔡,使大乌龟住在房子里。蔡,蔡国,蔡国出产大乌龟,这里以蔡代指大乌龟。

⑤山节藻棁(zhuō):节,房柱上的斗拱。棁,房梁上的短柱。山节,把斗拱雕刻成山的形状。藻棁,把短柱画上花草图案。只有天子才能把大乌龟藏在这样豪华的房子里。

⑥令尹:楚国官职名,相当于宰相。 三仕:多次做官。

⑦三已:多次被罢官。

⑧崔子:齐国大夫崔杼。

⑨违之:离开。

⑩三思而后行:多次考虑才去做。

⑪宁武子:卫国的大夫。

⑫愚:装傻。

⑬吾党之小子狂简:我们家乡的学生志向高远而做事粗略。

⑭是用:因此。

16.孔子评论子产:"他具有君子的四种道德品行:自己的行为庄重、谦恭,侍奉君主恭敬、尽职,对待百姓给予恩惠,役使百姓合乎情理。"

17.孔子说:"晏平仲善于和别人交往,交往愈久,别人就愈加尊敬他。"

18 孔子说:"臧文仲为大乌龟盖了房子,把房子的斗拱雕刻成山形,房梁的短柱上画着美丽的水草图案,怎么能说他是明智呢?"

19.子张问道:"子文多次出任楚国的令尹,没有显出高兴的样子;多次被罢官,也没有显出悲伤的样子。每次交接时,一定要把任内的政务告诉给接替他的人,这个人怎么样?"孔子说:"这个人可算是一个忠臣了。" 子张问:"他能够算得上仁吗?"孔子说:"不知道,这怎么能算是仁呢?"子张又问:"崔杼杀了齐国的国君,陈文子有四十匹马,舍弃不要,离开了齐国,到了别的国家,他说:'这里的执政者和我们齐国的崔子一样。'又离开了,到了另一个国家。又说:'这里的执政者和我们的崔子一样。'于是又离开了。这个人怎么样?"孔子说:"这个人很清正。"子张说:"他能够算得上仁吗?孔子说:"不知道,这怎么能算是仁呢?"

20.季文子每做一件事都要考虑好多次才去做。孔子听到了,说:"考虑两次也就行了。"

21.孔子说:"宁武子在国家太平时便显得很聪明;在国家无道时他就装傻。他那种聪明,别人赶得上;那种装傻,别人是无法赶上的。"

22.孔子在陈国时说:"回去吧! 回去吧! 我们家乡那些学生志向高远而做事粗

略。文学都有可观的成就,我不知道怎样去指导他们。"

23.孔子说:"伯夷、叔齐不记以往的仇恨,怨恨他们的人也就很少。"

24.子曰:"孰谓微生高直①?或乞醯焉②,乞诸其邻而与之。"

25.子曰:"巧言、令色③、足恭④,左丘明耻之⑤,丘亦耻之。匿怨而友其人,左丘明耻之,丘亦耻之。"

26.颜渊、季路侍⑥。子曰:"盍各言尔志⑦?"子路曰:"愿车马衣裘与朋友共⑧,敝之而无憾⑨。"颜渊曰:"愿无伐善⑩,无施劳⑪。"子路曰:"愿闻子之志。"子曰:"老者安之,朋友信之,少者怀之。"

27.子曰:"已矣乎! 吾未见能见其过而内自讼者也⑫。"

28.子曰:"十室之邑,必有忠信如丘者焉,不如丘之好学也。"

①微生高:鲁国人,以爽直、守信著称。
②醯(xī):醋。
③令色:装出好看的脸色。
④足恭:过分恭敬。
⑤左丘明:春秋时鲁国人,相传他是《左传》的作者。
⑥侍:侍立。陪从站在尊长身旁。
⑦盍:何不。
⑧愿车马衣裘与朋友共:愿意把乘坐的车马和身穿的皮衣与朋友共同享用。裘,皮衣。
⑨敝:用坏。
⑩伐善:夸耀自己的优点。伐,自夸。
⑪施劳:表白自己的功劳。
⑫自讼:自我责备。

24.孔子说:"谁说微生高这个人爽直?有人跟他要点醋,他家中没有,不直说没有,去他邻居家借了一些给那个人。"

25.孔子说:"花言巧语,装出一副讨好人的脸色,表现出过分的恭敬,对这种人,左丘明认为是可耻的,我也认为是可耻的。把怨恨藏在心里,表面上装出和人友好,对这种人,左丘明认为是可耻的,我也认为是可耻的。"

26.颜渊、季路在孔子身旁侍立。孔子说:"何不各自说说你们的志向?"子路说:"我愿意把车马、皮衣拿出来和朋友共同使用,就是用坏了也不遗憾。"颜渊说:"我愿意不夸耀自己的长处,不表白自己的功劳。"子路对孔子说:"我想听听老师您的志向。"孔子说:"我的志向是让年老的人得到安逸舒适,让朋友得到信任,让下一代得到关怀。"

27.孔子说:"罢了! 我不曾看到能发现自己的错误而能自我责备的人。"

28.孔子说:"就是十户人家的小村子,也一定有像我这样讲究忠信的人,只是不如我这样爱好学习啊。"

◎ 雍也第六（共三十章）

题解

本篇主要记述了孔子对弟子们的某些评价、关怀和劝勉。

原文

1.子曰："雍也可使南面①。"

2.仲弓问子桑伯子②。子曰："可也，简。"仲弓曰："居敬而行简③，以临其民④，不亦可乎？居简而行简，无乃大简乎⑤？"子曰："雍之言然。"

3.哀公问："弟子孰为好学？"孔子对曰："有颜回者好学，不迁怒⑥，不贰过⑦。不幸短命死矣！今也则亡，未闻好学者也。"

4.子华使于齐⑧，冉子为其母请粟。子曰："与之釜⑨。"请益。曰："与之庾⑩。"冉子与之粟五秉⑪。子曰："赤之适齐也，乘肥马，衣轻裘。吾闻之也：君子周急不继富⑫。"

5.原思为之宰⑬，与之粟九百，辞。子曰："毋！以与尔邻里乡党乎！"

6.子谓仲弓曰："犁牛之子骍且角⑭，虽欲勿用，山川其舍诸⑮？"

7.子曰："回也，其心三月不违仁⑯，其馀则日月至焉而已矣⑰。"

注释

①南面：南面而坐。古代以坐北朝南的方向为尊位。

②子桑伯子：人名。

③居敬而行简：做事时心中严肃认真而行动简约。

④以临其民：治理百姓。临，面对。

⑤无乃：岂不是。

⑥迁怒：把怒气转到不相干的人身上。

⑦贰过：重复犯错。

⑧子华：孔子的学生，即公西赤。

⑨釜：古代容量单位。一釜当时合六斗四升。

⑩庾：古代容量单位。一庾合二斗四升。

⑪秉：古代容量单位。一秉合一百六十斗。

⑫周急不继富：周济急需的人，不接济富有的人。

⑬原思为之宰：原思做孔子家的总管。宰，总管。

⑭骍且角：长着赤色的毛和端正的双角。骍(xīng)，赤色。

⑮山川：山川之神。

⑯三月：指较长的时间。

⑰日月：泛指较短的时间。

1.孔子说："冉雍这个人可以让他做大官。"

2.仲弓问子桑伯子这个人怎么样，孔子说："可以吧，他做事简约。"仲弓说："心里严肃认真，做事简约，这样治理百姓，不也是可以的吗？如果心里只图简便，做事简易粗略，岂不是太简单了吗？"孔子说："你的话是对的。"

3.鲁哀公问孔子："你的学生中谁是爱好学习的？"孔子回答："有个叫颜回的，很好学，他不迁怒于人，不犯同样的错误。不幸他短命死了。现在没有这样的人了，再也没听到有好学的人。"

4.公西赤出使齐国，冉子请求给公西赤的母亲些小米。孔子说："给他六斗四升。"冉子请求再添一些。孔子说："再给他二斗四升。"冉子却给了他八百斗。孔子说："公西赤到齐国去，乘坐好马驾的车子，穿着又轻又暖的皮衣。我听说过：君子只周济穷人，不接济富有的人。"

5.原思做孔子家的总管，孔子给他俸禄小米九百斗，原思推辞不要。孔子说："不要推辞！拿给你家乡的人们吧！"

6.孔子谈到仲弓时说："杂色牛的儿子长着赤色的毛和端正的双角，虽然不想用它作祭品，山川之神难道会舍弃它吗？"

7.孔子说："颜回呀，他的心能够长时间不违背仁德，其馀的弟子们只能在短时间内做到仁德而已。"

8.季康子问："仲由可使从政也与？"子曰："由也果，于从政乎何有①？"曰："赐也可使从政也与？"曰："赐也达，于从政乎何有？"曰："求也可使从政也与？"曰："求也艺，于从政乎何有？"

9.季氏使闵子骞为费宰②。闵子骞曰："善为我辞焉。如有复我者③，则吾必在汶上矣。"

10.伯牛有疾④，子问之，自牖执其手⑤，曰："亡之，命矣夫！斯人也而有斯疾也！斯人也而有斯疾也！"

11.子曰："贤哉，回也！一箪食⑥，一瓢饮，在陋巷。人不堪其忧，回也不改其乐。贤哉，回也！"

12.冉求曰："非不说子之道⑦，力不足也。"子曰："力不足者中道而废,今女画⑧。"

13.子谓子夏曰:"女为君子儒,无为小人儒。"

14.子游为武城宰。子曰:"女得人焉耳乎⑨?"曰:"有澹台灭明者⑩,行不由径⑪。非公事,未尝至于偃之室也⑫。"

15.子曰:"孟之反不伐⑬。奔而殿⑭,将入门,策其马,曰:'非敢后也,马不进也。'"

①何有:有什么困难?
②为费宰:做费地的行政长官。
③如有复我者:如果第二次再来找我。
④伯牛:孔子的学生。姓冉,名耕,字伯牛。
⑤牖(yǒu):窗户。
⑥一箪食:一竹筒子饭。箪(dān),古代盛饭用的圆形竹器。
⑦非不说(yuè)子之道:不是我不喜欢您的学说。
⑧画:画地自限。
⑨女得人焉耳乎:你在这个地方发现了人才吗?焉耳,于此。
⑩澹台灭明:姓澹(tán)台,名灭明,字子羽,孔子的学生。
⑪径:小路。
⑫偃:即子游。子游姓言名偃。
⑬孟之反不伐:孟之反,鲁国大夫。不伐,不自夸功劳。
⑭奔而殿:军队败退时留在后面殿后。奔,败走。

8.季康子问孔子说:"仲由这个人,可以让他从政吗?"孔子说:"仲由做事果断,对于从政有什么困难呢?"季康子又问:"端木赐可以让他从政吗?"孔子说:"端木赐通达事理,对于从政有什么困难呢?"季康子又问:"冉求可以让他从政吗?"孔子说:"冉求多才多艺,对于从政有什么困难呢?"

9.季氏派人请闵子骞为费地的行政长官。闵子骞说:"请想办法为我推辞掉吧!如果第二次来找我,那我一定逃往汶水以北去了(逃往齐国)。"

10.伯牛病了,孔子去看望他,从窗户里伸手进去握着他的手,说:"活不成了,这是命呀!这样的好人竟生了这种病!这样的好人竟生了这种病!"

11.孔子说:"颜回多么有贤德呀!一竹筒子饭,一瓢水,住在简陋的小巷子里。别人都忍受不了这种困苦忧愁,颜回却不改变自认为的快乐。颜回是多么有贤德呀!"

12.冉求对孔子说:"并不是我不喜欢您的学说,是我的力量不够。"孔子说:"倘若力量不够的话,那会走到半路上而放弃前进。现在你是画地自限,根本没有前进。"

13.孔子对子夏说:"你要做君子一般的读书人,而不要做小人一般的读书人。"

14.子游任武城的地方长官。孔子问:"你在这个地方发现人才了吗?"子游说:"有个叫澹台灭明的人,走路从不抄小道,不是公事,从不到我住的地方来。"

15.孔子说:"孟之反不夸耀自己,军队败退的时候,他留在末尾断后,将进城门时,用鞭子打着自己的马,说:'不是我敢留在后面,是我的马不往前走。'"

 原文

16.子曰:"不有祝鮀之佞①,而有宋朝之美②,难乎免于今之世矣。"

17.子曰:"谁能出不由户③?何莫由斯道也④?"

18.子曰:"质胜文则野⑤,文胜质则史⑥。文质彬彬⑦,然后君子。"

19.子曰:"人之生也直,罔之生也幸而免⑧。"

20.子曰:"知之者不如好之者,好之者不如乐之者。"

21.子曰:"中人以上,可以语上也⑨;中人以下,不可以语上也。"

22.樊迟问知⑩。子曰:"务民之义⑪,敬鬼神而远之,可谓知矣。"问仁。曰:"仁者先难而后获,可谓仁矣。"

23.子曰:"知者乐水,仁者乐山。知者动,仁者静。知者乐,仁者寿。"

24.子曰:"齐一变,至于鲁⑫;鲁一变,至于道⑬。"

25.子曰:"觚不觚⑭。觚哉!觚哉!"

注释

①祝鮀(tuó):卫国大夫,善于外交辞令。

②而有宋朝:而,和,与。宋朝,宋国的公子朝,以美貌著名。

③户:门。

④何莫由斯道也:为什么没有人走这条道路呢?斯道,仁义之道。

⑤质胜文则野:质朴超过文采就末免粗野。

⑥史:古代掌管文书的人。这里是虚浮无诚的意思。

⑦文质彬彬:文和质两方面配合恰当,文雅而又朴实。

⑧罔(wǎng):虚妄,不正直。

⑨语上:教授高深的知识。

⑩知:同"智"。

⑪务民之义:专心致力于为人民应该做的事。务,专心致力于……。义,应该做的事。

⑫齐一变,至于鲁:齐国改革一下,便能像鲁国这样。变,政治改革。鲁国注重礼教。

⑬鲁一变,至于道:鲁国改革一下,便可达到先王之道。

⑭觚(gū):古代的酒器。这种酒器原来是上圆下方,后来改成了圆筒形。孔子是借觚的改变表达自己对"君不君,臣不臣"等社会现象的不满。

译文

16.孔子说:"如果没有祝鲍那样的好口才,没有宋朝那样的美貌,在当今的世界上是难以避免灾祸的。"

17.孔子说:"谁能够不通过房门走到门外去呢?为什么没有人走仁义这条道路呢?"

18.孔子说:"质朴超过文采,就有点粗野;文采超过质朴,就有点虚浮。只有文和质比例协调,才能成为君子。"

19.孔子说:"一个人能够活着,是由于正直;不正直的人虽然活着,不过是侥幸免于灾祸。"

20.孔子说:"(对于学问)懂得它的人不如喜好它的人,喜好它的人不如以从事它为快乐的人。"

21.孔子说:"具有中等以上智力的人,可以讲授给他高深的学问;中等以下智力的人,不可以讲授给他高深的学问。"

22.樊迟问怎样才算有智慧。孔子说:"专心致力于为人民应该做的事情上,尊敬鬼神但远离它,这样就算是有智慧了。"樊迟又问怎样才算有仁德。孔子说:"有仁德的人先要经历困难然后才能有收获,这样才算是有仁德。"

23.孔子说:"有智慧的人喜爱水,有仁德的人喜爱山。有智慧的人活跃,有仁德的人沉静。有智慧的人快乐,有仁德的人长寿。"

24.孔子说:"把齐国的政教改革一下,便能像现在的鲁国这样;如果把鲁国的政教再改革一下,便可达到先王之道。"

25.孔子说:"觚不像觚的样子,这还是觚吗?这还是觚吗?"

原文

26.宰我问曰:"仁者,虽告之曰'井有仁焉①',其从之也?"子曰:"何为其然也?君子可逝也②,不可陷也;可欺也,不可罔也③。"

27.子曰:"君子博学于文,约之以礼,亦可以弗畔矣夫④!"

28.子见南子⑤,子路不说。夫子矢之曰⑥:"予所否者⑦,天厌之!天厌之!"

29.子曰:"中庸之为德也⑧,其至矣乎!民鲜久矣。"

30.子贡曰:"如有博施于民而能济众,何如?可谓仁乎?"子曰:"何事于仁,必也圣乎!尧、舜其犹病诸⑨。夫仁者,己欲立而立人,己欲达而达人。能近取譬⑩,可谓仁之方也已。"

①井有仁:井里掉进一位仁人。
②逝:往,去。
③罔:愚弄。
④畔:同"叛"。
⑤南子:卫灵公的夫人。当时卫国的实际执政者,名声很不好。
⑥矢:同"誓"。
⑦所:假若。
⑧中庸:孔子认为的最高的道德标准。中,不偏不倚。庸,平常、普通。
⑨尧、舜其犹病诸:像尧舜那样的圣人,对这件事,其心犹有所不足。病,心有所不足。
⑩近取譬:以自身打比方,推己及人。近,自身。譬,比喻、比方。

26.宰我问孔子说:"有仁德的人,如果告诉他说'井里掉下去一位仁人',他会跟着跳下去吗?"孔子说:"你为什么要他那样做呢?君子可以让他远远走开不再回来,却不可以陷害他;君子可以被欺骗,却不能被愚弄。"

27.孔子说:"君子广泛地学习古代文献,用礼来约束自己,也就不会违背君子之道了吧!"

28.孔子去见南子,子路不高兴。孔子发誓说:"我假若做了不好的事,老天爷厌弃我吧!老天爷厌弃我吧!"

29.孔子说:"中庸作为一种道德,可算是最好的了!人民缺乏这种道德已经很久了。"

30.子贡说:"如果有人广泛地给人民许多好处,又能帮助大家,怎么样?可以说是个有仁德的人了吧?"孔子说:"何止是有仁德,那简直是圣人了!尧、舜恐怕都难以做到这样。作为有仁德的人,自己想要立身,同时也要让别人立身;自己想要发展,也要帮助别人发展。凡事都能设身处地想到别人,推己及人,可以说是实行仁德的方法。"

◎述而第七(共三十八章)

题解

本篇主要记述了孔子的教育思想及其生活情趣。

原文

1.子曰:"述而不作①,信而好古,窃比于我老彭。"

2.子曰:"默而识之②,学而不厌,诲人不倦,何有于我哉?"

3.子曰:"德之不修,学之不讲,闻义不能徙③,不善不能改,是吾忧也。"

4.子之燕居④,申申如也⑤,夭夭如也⑥。

5.子曰:"甚矣,吾衰也! 久矣,吾不复梦见周公⑦!"

6.子曰:"志于道,据于德,依于仁,游于艺⑧。"

7.子曰:"自行束脩以上⑨,吾未尝无诲焉。"

8.子曰:"不愤不启⑩,不悱不发⑪。举一隅不以三隅反⑫,则不复也。"

9.子食于有丧者之侧,未尝饱也。

10.子于是日哭,则不歌。

11.子谓颜渊曰:"用之则行,舍之则藏,惟我与尔有是夫!"子路曰:"子行三军⑬,则谁与⑭?"子曰:"暴虎冯河⑮,死而无悔者,吾不与也。必也临事而惧,好谋而成者也。"

12.子曰:"富而可求也,虽执鞭之士⑯,吾亦为之。如不可求,从吾所好。"

注释

①述而不作:只传述古代文化而不创作。

②识(zhì):记住。

③闻义不能徙:听到合乎道义的事不能去做。徙,迁移、靠近。

④燕居:闲居。燕,同"宴",安逸、闲适。

⑤申申如也:形态舒展的样子。如也,像是……的样子。

⑥夭夭如也:脸上显出和悦轻松的样子。

⑦周公:周文王的儿子,姓姬,名旦。传说周公是西周政治礼乐典章制度的制定者,是孔子所崇尚的先贤之一。

⑧游于艺:以六艺为学习范围。游,熟悉。艺,六艺(礼、乐、射、御、书、数)。

⑨束脩(xiū):捆在一起的一束干肉。脩,干肉。古人用干肉作为见面的薄礼。

⑩愤:思考问题时苦思冥想,仍然领会不了的样子。

⑪悱(fěi):想说而又说不出来的样子。

⑫隅:角。

⑬行三军:居三军统帅之位。

⑭谁与:与谁,和谁在一起。

⑮暴虎冯(píng)河:赤手空拳与老虎搏斗,徒步涉水过大河。暴,徒手搏击。冯,涉水。

⑯执鞭之士:手里拿着皮鞭的下等差役。

1.孔子说:"只传述古代文化而不创作,相信而又喜好古代文化,我私下把自己比做老彭。"

2.孔子说:"把所学的知识默默地牢记,坚持学习而不厌烦,教导别人而不倦怠,这三方面我做到哪一些呢?"

3.孔子说:"品德不去修养,学问不去讲习,听到合乎道义的事不能去做,这些都是我所忧虑的。"

4.孔子在家闲居,神态舒展安详,脸上显出轻松和悦的样子。

5.孔子说:"我很老了,我好久好久没再梦见周公了。"

6.孔子说:"以道为志向,以德为根据,以仁为凭借,以六艺为学习的范围。"

7.孔子说:"只要愿意亲自送来一束干肉作为薄礼的人,我从来没有不教诲的。"

8.孔子说:"教育学生,不到他苦思冥想而仍领会不了的时候,不去开导他;不到他想说而又说不出来的时候,不去启发他。告诉他方形的一个角,他不能由此推知另外三个角,就不要再重复去教他了。"

9.孔子在有丧事的人旁边吃饭,未曾吃饱过。

10.孔子在某一天吊丧哭过,就不再唱歌了。

11.孔子对颜渊说:"用我,我就去干;不用我,就隐藏起来。只有我和你能够做到这样吧!"子路在一旁说:"如果统帅三军去作战,您要和谁在一起呢?"孔子说:"赤手空拳要和老虎搏斗,徒步涉水要过大河,这样做死了都不知道后悔的人,我不会和他在一起。我要共事的人,必须是遇事小心谨慎,善于谋划而能争取成功的人。"

12.孔子说:"财富如果可以求得的话,即便是去当一名手拿皮鞭的下等差役,我也去做。如果不可以求得,我还是做我所爱好的事情。"

041

原文

13.子之所慎:齐①,战②,疾③。

14.子在齐,闻《韶》④,三月不知肉味,曰:"不图为乐之至于斯也⑤。"

15.冉有曰:"夫子为卫君乎⑥?"子贡曰:"诺,吾将问之。"入,曰:"伯夷、叔齐何人也?"曰:"古之贤人也。"曰:"怨乎?"曰:"求仁而得仁,又何怨?"出,曰:"夫子不为也。"

16.子曰:"饭疏食⑦,饮水,曲肱而枕之⑧,乐亦在其中矣。不义而富且贵,于我如浮云。"

17.子曰:"加我数年,五十以学《易》,可以无大过矣。"

18.子所雅言⑨:《诗》、《书》、执礼,皆雅言也。

19.叶公问孔子于子路⑩,子路不对。子曰:"女奚不曰:'其为人也,发愤忘食,乐以忘忧,不知老之将至'云尔。"

20.子曰:"我非生而知之者,好古,敏以求之者也。"

21.子不语:怪、力、乱、神。

22.子曰:"三人行,必有我师焉。择其善者而从之,其不善者而改之。"

23.子曰:"天生德于予,桓魋其如予何⑪?"

24.子曰:"二三子以我为隐乎?吾无隐乎尔。吾无行而不与二三子者,是丘也。"

25.子以四教:文,行,忠,信。

注释

①齐:同"斋",斋戒。

②战:战争。

③疾:疾病。

④《韶》:舜帝时创作的乐曲。

⑤不图:不料。

⑥为卫君:赞成卫君。为,赞成。卫君,卫出公,他和他的父亲争夺王位。

⑦疏食:粗粮。

⑧曲肱(gōng):弯着胳膊。肱,由肩到肘的部位。

⑨雅言:官话,当时通行的语言。

⑩叶(shè)公:楚国的大夫。

⑪桓魋(tuí):宋国的司马向魋。他曾想谋害孔子。因为是宋桓公后代,故又名桓魋。

13.孔子小心谨慎对待的事情是:斋戒、战争、疾病。

14.孔子在齐国听到演奏《韶》乐,好长时间吃肉时尝不出肉味,他说:"真想不到舜时创作的音乐竟达到这样美妙的地步。"

15.冉有说:"老师赞成卫君吗?"子贡说:"我得去问问老师。"子贡进屋问孔子说:"伯夷、叔齐是什么样的人呢?"孔子说:"他们是古代的贤人。"子贡问:"他们怨悔吗?"孔子说:"他们追求仁德而得到仁德,又有什么怨悔的呢?"子贡出来对冉有说:"老师是不赞成卫君的行为的。"

16.孔子说:"吃粗粮喝凉水,弯曲着胳膊当枕头,这里边也是有乐趣的。用不正当的方法得到富贵,在我来看犹如浮云一般。"

17.孔子说:"让我多活几年,年老时学好《周易》,就可以没有大的过错了。"

18.孔子有时讲官话,读《诗》、《书》、行礼,都用官话。

19.叶公问子路,孔子的为人怎么样?子路没有回答。孔子对子路说:"你为什么不这样回答:'他的为人,发愤起来便忘了吃饭,快乐时便忘记了忧愁,不知道衰老将要到来,如此而已。'"

20.孔子说:"我不是生来就有知识的人,而是爱好古代文化,勤奋敏捷求得知识的人。"

21.孔子不谈论怪异、暴力、变乱、鬼神一类的事情。

22.孔子说:"几个人一同走路,其中必定有可以当我老师的人。选择他的优点来学习,看他那不好的地方加以改正。"

23.孔子说:"上天赋予我这样的品德,桓魋能把我怎么样呢?"

24.孔子说:"你们这些学生以为我对你们有什么隐瞒的吗?我没有什么隐瞒的。我没有什么行动不让你们知道,我孔丘就是这样的人。"

25.孔子从四个方面教育学生:文化知识、行为规范、忠诚老实、讲究信用。

26.子曰:"圣人,吾不得而见之矣;得见君子者,斯可矣。"子曰:"善人①,吾不得而见之矣;得见有恒者,斯可矣。亡而为有,虚而为盈,约而为泰②,难乎有恒矣。"

27.子钓而不纲③,弋不射宿④。

28.子曰:"盖有不知而作之者,我无是也。多闻,择其善者而从之;多见,而识之⑤。知之次也⑥。"

29.互乡难与言⑦。童子见,门人惑。子曰:"与其进也⑧,不与其退也,唯何甚?人洁已以进,与其洁也,不保其往也。"

30.子曰:"仁远乎哉?我欲仁,斯仁至矣。"

①善人:立志行仁的人。
②约而为泰:穷困却装作富裕。约,穷困。泰,富裕。
③纲:提网的大绳上系着很多渔钩。
④弋(yì):用带绳的箭射鸟。
⑤识(zhì):记。
⑥次:差一等。
⑦互乡:地名。
⑧与其进也:赞成他的进步。与,赞成。

26.孔子说:"圣人,我是不能够看得见了,能够看见君子也就可以了。"又说:"善人,我是不能够看得见了,能够看见有恒心保持良好品德节操的人就可以了。如果没有知识却装作有知识,空虚却装作充足,穷困却装作富有,这样的人是难以有恒心保持良好品德节操的。"

27.孔子钓鱼,不用系有很多渔钩的大绳去钓;孔子射鸟,只射飞着的鸟,不射已经回巢的鸟。

28.孔子说:"大概有一种什么都不知道却妄自造作的人,我不是这样的人。多方面地听,选择那合理的去学习;多方面地看,牢记在心里。这样学来的知识,比生而知之的人是差一等的。"

29.互乡这个地方的人难于交谈,但孔子却接见了那里的一个童子,学生们感到迷惑不解。孔子说:"我赞成他的进步,不赞成他的退步,何必做得太过分呢?人家洁身以求进步,就应该赞成他的洁身,不要总是追究他过去的事。"

30.孔子说:"仁德难道离我们很远吗?我想要达到仁,仁就会到来。"

原文

31.陈司败问:"昭公知礼乎?"孔子曰:"知礼。"孔子退,揖巫马期而进之①,曰:"吾闻君子不党,君子亦党乎?君取于吴②,为同姓,谓之吴孟子。君而知礼,孰不知礼!"巫马期以告,子曰:"丘也幸,苟有过,人必知之。"

32.子与人歌而善,必使反之③,而后和之。

33.子曰:"文,莫吾犹人也④。躬行君子,则吾未之有得。"

34.子曰:"若圣与仁,则吾岂敢?抑为之不厌,诲人不倦,则可谓云尔已矣⑤。"公西华曰:"正唯弟子不能学也。"

35.子疾病⑥。子路请祷。子曰:"有诸?"子路对曰:"有之。诔曰⑦:'祷尔于上下神祇⑧。'"子曰:"丘之祷久矣。"

36.子曰:"奢则不孙⑨,俭则固⑩。与其不孙也,宁固。"

37.子曰:"君子坦荡荡,小人长戚戚。"

38.子温而厉,威而不猛,恭而安。

注释

①巫马期:孔子的学生。
②取于吴:娶吴国的女子做夫人。
③反之:重复。
④莫:或者。
⑤云尔:如此。
⑥疾病:重病。
⑦诔(lěi):向鬼神祈福的祷文。
⑧神祇(qí):天神和地神。祇,地神。
⑨孙:同"逊"。谦逊、恭顺。
⑩固:鄙陋。

译文

31.陈司败问孔子:"鲁昭公懂得礼吗?"孔子说:"他懂得礼。"孔子出来后,陈司败向巫马期行了个作揖礼,走近他说:"我听说君子是不偏袒别人的,难道说像孔子这样的君子竟然也有所偏袒?鲁国国君娶了吴国的女子,吴和鲁为同姓,便把他叫做吴孟子。如果说鲁君知礼,那还有谁不懂得礼节呢?"巫马期把陈司败的话告诉了孔子,孔子说:"我真幸运,假若有过错,人家一定会知道的。"

32.孔子同别人一起唱歌,如果别人唱得好,就一定让他再唱一遍,然后自己跟着他的音调唱和一遍。

33.孔子说:"关于文化知识,或者我同别人差不多。如果要做个身体力行的君子,那我还没有做到。"

34.孔子说:"像'圣'和'仁'这两个字,我是不敢当的。不过要说朝着圣和仁的要求努力是从不知厌烦的,教导别人也从不知疲倦,只是这样罢了。"公西华说:"这正是我们学生学不到的。"

35.孔子得了重病,子路请求向鬼神祈祷。孔子说:"有这样的道理吗?"子路回答说:"有的,祷文上说:'为你向天神地神祈祷。'"孔子说:"我祈祷已经很久了。"

36.孔子说:"奢侈就显得不恭顺,俭朴就显得鄙陋。与其不恭顺,宁可鄙陋。"

37.孔子说:"君子心胸坦荡,小人的心中经常忧愁。"

38.孔子温和而严肃,有威仪而不凶猛,庄敬而又安详。

◎泰伯第八（共二十一章）

题解

本篇主要记述了孔子对尧、舜、禹、泰伯、周公等古代先贤的赞扬。

原文

1.子曰："泰伯①，其可谓至德也已矣。三以天下让，民无得而称焉。"

2.子曰："恭而无礼则劳，慎而无礼则葸②，勇而无礼则乱，直而无礼则绞③。君子笃于亲④，则民兴于仁；故旧不遗，则民不偷⑤。"

3.曾子有疾，召门弟子曰："启予足⑥！启予手！《诗》云：'战战兢兢，如临深渊，如履薄冰。'而今而后，吾知免夫⑦，小子！"

4.曾子有疾，孟敬子问之。曾子言曰："鸟之将死，其鸣也哀；人之将死，其言也善。君子所贵乎道者三：动容貌⑧，斯远暴慢矣；正颜色，斯近信矣；出辞气⑨，斯远鄙倍矣⑩。笾豆之事⑪，则有司存⑫。"

5.曾子曰："以能问于不能，以多问于寡，有若无，实若虚，犯而不校⑬。昔者吾友尝从事于斯矣。"

6.曾子曰："可以托六尺之孤⑭，可以寄百里之命⑮，临大节而不可夺也⑯。君子人与？君子人也。"

7.曾子曰："士不可以不弘毅⑰，任重而道远。仁以为己任，不亦重乎？死而后已，不亦远乎？"

注释

①泰伯：周朝祖先古公亶父的长子。古公亶父有三个儿子：泰伯、仲雍、季历。传说古公亶父想破例把君位传给幼子季历，泰伯知道后，便和仲雍逃到南方，以遂父愿。

②葸(xǐ)：胆怯。

③绞：尖刻。

④笃：诚实，厚待。

⑤偷：刻薄。

⑥启予足：看看我的脚。启，视。

⑦免：身体免于毁伤。

⑧动容貌：容貌谦和、严肃。

⑨出辞气：说话注意言辞和口气。

⑩鄙倍:粗野、背理。倍,同"背"。

⑪笾豆之事:祭祀或礼仪方面的事务。笾,古代一种竹制的礼器。豆,古代木制的器皿。

⑫有司:古代指主管某一方面事务的官吏。

⑬犯而不校(jiào):被人冒犯不去计较。

⑭六尺之孤:尚未成年而登基接位的君主。六尺,约合现在的四尺一寸。

⑮百里之命:国家的命运。百里,指方圆百里的一个诸侯国。

⑯不可夺:不可动摇其气节。

⑰弘毅:心胸开阔、意志坚强。弘,开阔。毅,刚毅、坚强。

1.孔子说:"泰伯,可以说是道德极为高尚的人了。他多次把天下让给幼弟,老百姓都不知道该怎样称赞他。"

2.孔子说:"只是注意态度恭敬而不知礼,就会有劳倦的弊病;只是谨慎而不知礼,就会畏惧懦弱;只是刚强勇敢而不知礼,就会作乱;只是直率而不知礼,就会显得尖刻。君子如果厚待自己的亲族,老百姓就会按仁德来行动,君子如果不遗弃原来的朋友,老百姓就不会对人刻薄了。"

3.曾子有病,把他的学生召集起来说:"看看我的脚! 看看我的手!《诗经》上说:'战战兢兢,好像站在深渊旁边,好像站在薄冰上面。'从今以后,我知道我的身体不再会受毁伤了! 学生们! "

4.曾子有病,孟敬子去探望他。曾子说:"鸟将要死的时候,它鸣叫的声音是悲哀的;人将要死的时候,他说的话是和善的。君子应当重视的道德有三方面:使容貌谦和严肃,就可以避免粗暴急躁和怠慢;使脸色庄重,就接近于诚信;说话注意言辞和口气,就可以避免粗野背理。至于祭祀和礼节仪式,自有主管的官吏去办。"

5.曾子说:"有才能却向没有才能的人询问,知识多的人却向知识少的人询问;有能力却好像没有能力,学问很充实却好像很空虚,被人冒犯而不去计较。从前我的朋友曾经这样做过。"

6.曾子说:"可以把年幼的孤儿托付给他,可以把国家的命运委托给他,面临重大考验而其气节不改。这是君子一类的人吗?是君子一类的人啊! "

7.曾子说:"士,不可以不心胸开阔、意志坚强,因为他责任重大,道路遥远。他把实现'仁'看做是自己的任务,不是很重吗?他要为之而奋斗终身,不是很遥远吗?"

8.子曰:"兴于《诗》①,立于礼②,成于乐③。"

9.子曰:"民可使由之④,不可使知之。"

10.子曰："好勇疾贫⑤,乱也。人而不仁,疾之已甚⑥,乱也。"

11.子曰："如有周公之才之美,使骄且吝,其馀不足观也已。"

12.子曰："三年学,不至于谷⑦,不易得也。"

13.子曰："笃信好学,守死善道⑧。危邦不入,乱邦不居。天下有道则见⑨,无道则隐。邦有道,贫且贱焉,耻也;邦无道,富且贵焉,耻也。"

14.子曰："不在其位,不谋其政。"

15.子曰："师挚之始⑩,《关雎》之乱⑪,洋洋乎盈耳哉!"

16.子曰："狂而不直,侗而不愿⑫,悾悾而不信⑬,吾不知之矣。"

17.子曰："学如不及,犹恐失之。"

18.子曰："巍巍乎! 舜、禹之有天下也,而不与焉⑭。"

①兴于诗:用《诗经》激励志气。
②立于礼:以礼作为行为规范的立足点。
③成于乐:以音乐来陶冶情操,完成人格修养。
④使由之:使老百姓按着当政者的要求去做。由,听从。
⑤疾贫:憎恨贫穷。疾,憎恨。
⑥已甚:太过分。
⑦谷:官吏的俸禄。古代官吏以谷子计算俸禄。
⑧道:治国做人的原则。
⑨见:同"现"。
⑩师挚之始:在太师挚开始演奏的时候。师,乐师、太师。鲁国的乐师名挚。古代奏乐,乐曲的开端一般由太师演奏。
⑪乱:乐曲结尾的一段。
⑫侗而不愿:无知而又不谨慎老实。侗,无知。愿,谨慎。
⑬悾悾:无能。
⑭不与:不私自占有。

8.孔子说:"用《诗经》激励志气,用礼作为行为规范的立足点,用音乐来陶冶情操,完成人格修养。"

9.孔子说:"可以让老百姓按着当政者的要求去做,但无须让老百姓知道为什么要这样做。"

10.孔子说:"爱勇敢而恨贫穷,会闯乱子。对于不仁的人,恨得太厉害,也会出乱子。"

11.孔子说:"一个人如果有周公那样的才能和仪表,只要骄傲自大而且吝啬小气,余下的也就不值得一看了。"

12. 孔子说:"学习了三年,还不曾萌发去当官要俸禄的念头,这是很难得的啊。"

13.孔子说:"坚定信念,努力学习,用生命去保护做人治国的原则。不进入有危险的国家,不居住在有祸乱的国家。天下太平就出来从政,天下不太平就隐居起来。国家太平,自己贫贱,这是耻辱;国家不太平,自己富贵,这也是耻辱。"

14.孔子说:"不在某一职位上,就不要考虑某方面的政事。"

15.孔子说:"从太师挚演奏开始,到结尾演奏《关雎》,耳边一直回荡着优美的乐曲!"

16.孔子说:"狂妄而不直率,无知而不谨慎,无能而不讲信用,我不知道这种人会怎么样。"

17.孔子说:"学习就像追赶什么那样,惟恐追不上,追上了,还恐怕又丢失掉。"

18.孔子说:"伟大崇高呀! 舜和禹得到了天下,而他们不把天下当作私人所有。

原文

19.子曰:"大哉! 尧之为君也。巍巍乎! 唯天为大,唯尧则之①。荡荡乎②! 民无能名焉③。巍巍乎! 其有成功也。焕乎④! 其有文章。"

20.舜有臣五人而天下治。武王曰:"予有乱臣十人⑤。"孔子曰:"才难,不其然乎?唐、虞之际,于斯为盛。有妇人焉,九人而已。三分天下有其二,以服事殷。周之德,其可谓至德也已矣。"

21.子曰:"禹,吾无间然矣⑥。菲饮食而致孝乎鬼神⑦,恶衣服而致美乎黻冕⑧,卑宫室而尽力乎沟洫⑨。禹,吾无间然矣。"

①则:效法。
②荡荡:浩大无际。指尧的德行。
③名:用言语赞美。
④焕:辉煌。
⑤乱臣:能治理国家的大臣。乱,治理。
⑥间:本意指空隙。这里是批评的意思。
⑦菲:菲薄。
⑧黻(fú)冕:祭祀时穿的礼服叫黻,官职在大夫以上的人戴的礼帽叫冕。
⑨沟洫:沟渠,指农田水利。

译文

19.孔子说:"尧这样的君主,真是太伟大了!太崇高了!只有天最为高大,而只有尧能以天为准则。他的德行浩大无际,老百姓不知道怎样称颂他才好。他成就的功业真是太伟大了!他制定的礼乐制度多么辉煌!"

20.舜有贤臣五人,天下才得以治理。武王曾说:"我有十个治理国家的大臣。"孔子说:"人才难得。难道不是这样吗?唐尧和虞舜以后,就数周武王时人才最多。然而十位治国的大臣中,有一人是妇女,实际上只有九人而已。周文王已占有了三分之二的天下,却仍然向殷纣王称臣。周朝的道德,可以说是最高的了。"

21.孔子说:"对于禹,我没有可批评的地方。他的饮食菲薄,却尽量以美好的祭品孝敬鬼神。他平时穿衣服很俭朴,而祭祀时却尽量穿华美的礼服。他居住的宫室低矮狭小,却尽力兴修水利。对于禹,我没有可批评的地方啊!"

◎子罕第九（共三十章）

本篇主要记述了孔子的人生经历和心灵感悟，有别人对孔子的评价，也有孔子对弟子的劝诫。

原文

1.子罕言利；与命①，与仁。

2.达巷党人曰②："大哉孔子！博学而无所成名。"子闻之，谓门弟子曰："吾何执？执御乎？执射乎？吾执御矣。"

3.子曰："麻冕③，礼也。今也纯④，俭，吾从众。拜下⑤，礼也；今拜乎上，泰也⑥。虽违众，吾从下。"

4.子绝四：毋意⑦，毋必⑧，毋固，毋我⑨。

5.子畏于匡⑩，曰："文王既没，文不在兹乎？天之将丧斯文也，后死者不得与于斯文也⑪；天之未丧斯文也，匡人其如予何？"

6.太宰问于子贡曰⑫："夫子圣者与？何其多能也？"子贡曰："固天纵之将圣⑬，又多能也。"子闻之，曰："太宰知我乎？吾少也贱，故多能鄙事⑭。君子多乎哉？不多也。"

7.牢曰："子云：'吾不试⑮，故艺。'"

注释

①与：赞同。
②党：古代地方组织，五百家为一党。
③麻冕：用麻布做的礼帽。
④纯：黑丝绸。
⑤拜下：古礼，臣子见君王，先在堂下跪拜，君王打招呼之后，到堂上再跪拜一次。
⑥泰：轻慢。
⑦意：猜测。
⑧必：绝对。
⑨我：自以为是。
⑩畏：受到围困。
⑪与：参与，掌握。
⑫太宰：周代掌管宫廷事务的官员。
⑬纵：让，使。

⑭鄙事:低下卑贱的事。

⑮试:用,做官。

译文

1.孔子很少谈财利,赞同天命,赞同仁德。

2.达巷那个地方的人说:"孔子真伟大呀!知识很广博而没有可以成名的专长。"孔子听说后,对他的学生们说:"我专门做什么呢?专做驾车的事吗?专做射箭的事吗?我专做驾车的事吧。"

3.孔子说:"用麻布做礼帽,符合古礼;现在用丝绸做礼帽比较节俭。我赞成现在众人的做法。臣子见君王,先在堂下跪拜行礼,符合古礼;现在不先在堂下跪拜,而是到堂上跪拜,这是轻慢的表现。虽然违反众人的做法,我还是赞成先在堂下行跪拜礼。"

4.孔子杜绝了四种缺点:不凭空猜测,不绝对肯定,不固执己见,不自以为是。

5.孔子在匡地受到围困,他说:"周文王已经死了,周代的文化遗产不都在我这里吗?上天如果想要毁灭这种文化,后来的人就不可能掌握这种文化了;上天如果不想毁灭这种文化,匡人能把我怎么样呢?"

6.太宰问子贡:"孔夫子是圣人吧?怎么这样多才多艺呢?"子贡说:"这本是上天使他成为圣人,又使他多才多艺。"孔子听到后说:"太宰了解我吗?我少年时贫贱,所以掌握了许多卑贱的技艺。地位高贵的君子会有这么多技艺吗?不会多啊。"

7.牢说:"孔子说过:'我早年没有被任用做官,所以学会许多技艺。'"

原文

8.子曰:"吾有知乎哉?无知也。有鄙夫问于我①,空空如也,我叩其两端而竭焉②。"

9.子曰:"凤鸟不至,河不出图③,吾已矣夫!"

10.子见齐衰者④、冕衣裳者与瞽者⑤,见之,虽少,必作;过之,必趋。

11.颜渊喟然叹曰⑥:"仰之弥高⑦,钻之弥坚;瞻之在前,忽焉在后。夫子循循然善诱人⑧,博我以文,约我以礼,欲罢不能。既竭吾才,如有所立,卓尔⑨,虽欲从之,末由也已⑩。"

12.子疾病,子路使门人为臣⑪。病间⑫,曰:"久矣哉,由之行诈也!无臣而为有臣。吾谁欺?欺天乎?且予与其死于臣之手也,无宁死于二三子之手乎⑬!且予纵不得大葬⑭,予死于道路乎!"

13.子贡曰:"有美玉于斯,韫椟而藏诸⑮?求善贾而沽诸⑯?"子曰:"沽之哉!沽之哉!我待贾者也。"

14.子欲居九夷⑰,或曰:"陋⑱,如之何?"子曰:"君子居之,何陋之有?"

15.子曰:"吾自卫反鲁⑲,然后乐正,《雅》《颂》各得其所。"

①鄙夫:乡下人。

②两端:两头。事情的正反两个方面。

③图:相传上古伏羲时代黄河中有龙马负图而出。据说圣明君王出世时才有"河图出"的吉兆。

④齐衰(zī cuī):丧服。

⑤瞽(gǔ)者:盲人。

⑥喟(kuì)然:叹气的样子。

⑦仰之弥高:抬头仰望更加觉得高。弥,更加。

⑧循循然善诱人:有次序地善于诱导人。

⑨卓尔:直立的样子。

⑩末由:不知从什么地方开始。

⑪为臣:做家臣。孔子此时已不做官,没有家臣。

⑫病间:病略好一些。

⑬无宁:宁可。

⑭大葬:隆重的葬礼。

⑮韫椟(yùn dú):收藏在柜子里。韫,收藏。椟,柜子。

⑯求善贾而沽:找个识货的商人卖掉。善贾,识货的商人。沽,卖。

⑰九夷:古代对东方一些部族的称呼。

⑱陋:落后。

⑲反鲁:返回鲁国。反,通"返"。

8.孔子说:"我有知识吗?没有知识。有个乡下人问我一些问题,我脑子里像是空的一样。但是我询问了这些问题的正反两个方面,我就有了答案。"

9.孔子说:"凤鸟不飞来,黄河中也没有图出现,我这一生可能完了。"

10.孔子遇见穿丧服的人、戴礼帽穿礼服的人和盲人,虽然他们年轻,孔子也一定站起来;从这些人面前走过时,也一定要快步走。

11.颜回叹息道:"老师的学识,抬头仰望,更加觉得高;努力钻研,更加觉得深。看着好像在前面,忽然又好像在后面。老师善于有次序地诱导我,用各种文献来丰富我的知识,用一定礼节来约束我的行为,使我想停止前进都不可能。我已经用尽了自己的才力,知识好像一个高大的东西立在我面前,我想攀登上去,却不知道从什么地方上去。"

12.孔子病重,子路派弟子去做家臣,负责料理后事。后来孔子的病好转一些,便说:"仲由(即子路)干这种欺骗人的事很久了!我本无家臣,却硬要装做有家臣。我欺骗谁呢?欺骗上天吗?况且,我与其在家臣的料理下死去,倒不如在你们弟子们的料理下死去。我即使不能以隆重的大夫之礼来安葬,难道会死在道路上吗?"

13.子贡说:"这里有块美玉,是把它收藏在柜子里呢,还是找个识货的商人卖掉呢?"孔子说:"卖掉它吧,卖掉它吧! 我正等识货的人来卖呢。"

14.孔子想搬到九夷的地方居住。有人说:"那里太落后,怎么居住呢?"孔子说:"君子居住在那里,还有什么落后的呢?"

15.孔子说:"我从卫国返回到鲁国,把《诗经》的乐曲进行了整理,使《雅》和《颂》两种音乐各得到其适当的位置。"

原文

16.子曰:"出则事公卿,入则事父兄,丧事不敢不勉,不为酒困,何有于我哉?"

17.子在川上曰:"逝者如斯夫! 不舍昼夜。"

18.子曰:"吾未见好德如好色者也。"

19.子曰:"譬如为山,未成一篑①,止,吾止也。譬如平地,虽覆一篑,进,吾往也。"

20.子曰:"语之而不惰②者,其回也与! "

21.子谓颜渊,曰:"惜乎! 吾见其进也,未见其止也。"

22.子曰:"苗而不秀者有矣夫! 秀而不实者有矣夫! "

23.子曰:"后生可畏,焉知来者之不如今也?四十、五十而无闻焉,斯亦不足畏也已。"

24.子曰:"法语之言③,能无从乎?改之为贵。巽与之言④,能无说乎?绎之为贵⑤。说而不绎,从而不改,吾末如之何也已矣。"

25.子曰:"主忠信。毋友不如己者,过则勿惮改。"

26.子曰:"三军可夺帅也,匹夫不可夺志也。"

注释

①篑(kuì):土筐。

②不惰:不懈怠。

③法语之言:符合礼法规范的话。

④巽(xùn)与之言:顺从自己意思的话。巽,恭顺。

⑤绎:分析。

16.孔子说:"外出从政就服侍公卿,居住在家就服侍父兄,办理丧事不敢不勤勉尽力,喝酒时有节制,不致喝醉,这些事我做到了哪些呢?"

17.孔子站在河边说:"消逝的时光就像这河水一样啊!昼夜不停地流去!"

18.孔子说:"我没见过喜欢道德像喜欢美色那样的人。"

19.孔子说:"比如用土来堆一座山,只差一筐便能堆成,但是却停止了,那是我自己停止的。比如在平地上堆土成山,虽然才倒下一筐土,但是继续堆土,那是我自己坚持往前的。"

20.孔子说:"听了我的话,能照着去做而不懈怠的人,大概只有颜回吧!"

21.孔子谈到颜回时说:"可惜他死了!我只看见他不断前进,从没有见过他停止的时候。"

22.孔子说:"种庄稼只出苗而不吐穗扬花的,有过吧!吐穗扬花而不结果实的,有过吧!"

23. 孔子说:"年轻人是值得敬畏的,怎么能够知道他们的将来不如今天的人呢?一个人到了四五十岁还没有什么作为,这就没有什么可敬畏的了。"

24.孔子说:"符合礼法的话,能不听从吗?只是听从还不够,改正错误才是可贵的。顺耳好听的话,能不让人高兴吗?不要只管高兴,分析一下才是可贵的。只是高兴而不加分析,表面听从而实际不改正,这种人我实在没有办法。"

25.孔子说:"做人主要讲求忠诚守信。不要同在道德上不如自己的人交朋友。如果有了过错,就不要怕改正。"

26.孔子说:"统率三军的主帅是可以改变的,一个老百姓的志向却不能强迫他改变。"

27.子曰:"衣敝缊袍①,与衣狐貉者立而不耻者,其由也与!'不忮不求②,何用不臧③!'"子路终身诵之。子曰:"是道也,何足以臧!"

28.子曰:"岁寒,然后知松柏之后凋也。"

29.子曰:"知者不惑,仁者不忧,勇者不惧。"

30.子曰:"可与共学,未可与适道④;可与适道,未可与立;可与立,未可与权⑤。""唐棣之华⑥,偏其反而。岂不尔思?室是远而。"子曰:"未之思也,夫何远之有?"

①衣敝缊(yùn)袍:穿着破旧的丝绵袍。敝,坏。缊,旧丝绵絮。
②不忮(zhì)不求:不嫉妒,不贪求。忮,嫉妒。
③何用不臧(zāng):哪有不好的呢?臧,好。
④适道:学到"道"。适,往。
⑤权:衡量轻重。
⑥唐棣之华:唐棣树的花。

译文

　　27.孔子说:"穿着破旧的衣服,和穿着华贵狐皮衣服的人站在一起,却不感到羞耻的人,大概只有仲由一个人吧?就像《诗经》中说:'不嫉妒,不贪求,哪有不好的呢?'"子路一生都背诵着这两句诗。孔子又说:"记住这两句诗是应该的,但只这样怎能算十足的好呢?"

　　28.孔子说:"到了天气寒冷时,才知道松柏树是最后凋落的。"

　　29.孔子说:"聪明的人没有疑惑,有仁德的人没有忧虑,勇敢的人没有畏惧。"

　　30.孔子说:"可以和他一起学习的人,不一定能够一起学到道;可以一起学到道的人,不一定能够坚守道不变;可以一起坚守道不变的人,不一定能够做到随机应变。"古诗说:"唐棣树的花,摇摇摆摆,先开后合。难道我不想念你?只是你住得太远了。"孔子说:"是不肯想念罢了,如果想念,哪里还管什么远不远呢?"

◎乡党第十（共二十七章）

本篇主要记叙孔子日常生活中饮食、起居、上朝应酬、参观访问以及待人处事等情形，可以全面地了解孔子的为人。

1.孔子于乡党①，恂恂如也②，似不能言者。其在宗庙朝廷，便便言③，唯谨尔。

2.朝，与下大夫言④，侃侃如也⑤；与上大夫言，訚訚如也⑥，唯谨尔。君在，踧踖如也⑦，与与如也⑧。

3.君召使摈⑨，色勃如也⑩，足躩如也⑪。揖所与立，左右手，衣前后，襜如也⑫；趋进，翼如也⑬。宾退，必复命曰："宾不顾矣⑭。"

①乡党：家乡。古代五百户为一党，一万二千五百户为一乡。
②恂恂（xún）：温和恭顺。
③便便：擅长谈论。
④下大夫：地位低于上大夫。上大夫即"卿"。
⑤侃侃：说话时理直气壮、从容不迫。
⑥訚訚（yín）：和颜悦色。
⑦踧踖（cùjí）：恭敬而不安。
⑧与与：慢步行走。
⑨摈：接待宾客。
⑩勃如：脸色庄重的样子。
⑪躩（jué）：足部旋转。
⑫襜（chān）：衣服整齐。
⑬翼如：像鸟儿张开翅膀。
⑭不顾：不回头看。指客人已经走远。

1.孔子在家乡时显得温和恭顺，好像不会说话一样。而在宗庙和朝廷时，他非常善于言谈，只是比较谨慎。

2.孔子在朝廷上，当君王还未临朝时，他和下大夫说话，刚直而从容不迫；和上大夫说话,和颜悦色。君王临朝时,他表现出恭敬而不安的样子,而又威仪适度。

3.鲁国国君下令让孔子接待外宾,他脸色立刻庄重起来,脚步加快起来。孔子向和他站在一起的人作揖,向左拱拱手,向右拱拱手,衣服前后整齐地摆动。当他快步前进时,姿态就像鸟儿展翅一样。宾客告辞后,孔子一定要去向国君回报:"客人已经走远了。"

【原文】

4.入公门①,鞠躬如也,如不容②。立不中门,行不履阈③。过位④,色勃如也,足躩如也,其言似不足者⑤。摄齐升堂⑥,鞠躬如也,屏气似不息者。出,降一等⑦,逞颜色,怡怡如也。没阶⑧,趋进,翼如也。复其位,踧踏如也。

5.执圭⑨,鞠躬如也,如不胜⑩。上如揖,下如授。勃如战色,足蹜蹜如有循⑪。享礼⑫,有容色。私觌⑬,愉愉如也。

【注释】

①公门:朝廷的大门。
②如不容:好像没有容身的地方一样。
③阈(yù):门槛。
④过位:经过国君的席位。
⑤言似不足:说话声音低微,好像力气不足。
⑥摄齐(zī):提起衣服的下襟。
⑦降一等:下一级台阶。
⑧没阶:下完台阶。
⑨圭(guī):一种上圆下方的长条形玉器。大夫受命出使时拿着圭。
⑩不胜(shēng):力量不够。
⑪足蹜(sù)蹜如有循:脚步小而频促,好像沿着什么东西走一样。
⑫享礼:献礼。
⑬私觌(dí):私下相见。

【译文】

4.孔子走进朝廷的大门,恭敬地弯着身子,好像不容得他直着身子一样。站立时不站在门中间,行走时不踩住门槛。经过国君的座位时,脸色立即庄重起来,脚步也加快起来,说话声音低微,好像说不出来一样。走向朝堂时,提起衣服的下摆,恭敬地弯着腰,憋住气好像停止呼吸一样。出来时,下一级台阶,脸色便放松,显出和悦的样子。下完台阶,便快步走,像鸟儿展开翅膀一样。回到自己的位置上,还表现出恭敬不安的样子。

5.孔子出使别的国家,在举行典礼时,拿着圭,恭敬地弯着腰,好像力量不够,举不起来一样。拿高一点好像在作揖,拿低一点好像递给别人东西。脸上显出庄重惧怕的样子,脚步小而频促,好像沿着什么东西走一样。献礼的时候,满脸和悦之色。私下相会时,显出轻松愉快的样子。

6.君子不以绀緅饰①,红紫不以为亵服②。当暑,袗絺绤③,必表而出之。缁衣④,羔裘⑤;素衣,麑裘⑥;黄衣,狐裘。亵裘长,短右袂⑦。必有寝衣,长一身有半。狐貉之厚以居⑧。去丧,无所不佩。非帷裳⑨,必杀之⑩。羔裘玄冠不以吊⑪。吉月⑫,必朝服而朝。

7.齐⑬,必有明衣⑭,布。齐必变食⑮,居必迁坐⑯。

①绀緅(zōu):天青色和红青色。
②亵服:便服。
③袗(zhěn)絺绤(chīxì):穿细麻布或粗麻布做的单衣。袗,单衣。絺,细麻布。绤,粗麻布。
④缁(zī):黑色。
⑤羔裘:黑羊羔皮做的皮袍。
⑥麑(ní):白色的小鹿。
⑦短右袂(mèi):右边的袖子做得短一些。
⑧狐貉之厚以居:狐貉的厚皮毛可以用来做坐垫。
⑨帷裳:朝拜和祭祀时穿的礼服。用整幅布做成,不剪裁。
⑩杀之:裁掉。
⑪玄冠:黑色的礼帽。
⑫吉月:阴历每月的初一。
⑬齐:同"斋"。斋戒。
⑭明衣:沐浴之后穿的干净衣服。
⑮变食:改变平时的饮食。
⑯迁坐:改换平常的住处。

6.君子不用天青色或红青色的布做镶边,不用红色和紫色的布做平常在家里穿的衣服。夏天,穿粗的或细的麻布单衣,但一定要先穿上衬衣,把麻布单衣套在外边。冬天,穿黑色羊羔皮袍,配黑色罩衣;穿白色鹿皮袍,配白色罩衣;穿黄色狐皮袍,配黄色罩衣。平时在家穿的皮袍要做得长一些,右边的袖子要短一些。睡觉一定要有睡衣,要有一身半长。狐貉的厚皮毛可以用来做坐垫。服丧期满,脱去丧服后,什么饰物都可佩戴。如果不是上朝或祭祀穿的礼服,一定要裁去多馀的部分。不穿黑羊羔皮袍、不戴黑色的礼帽去吊丧。每月初一,一定要穿着朝服去上朝。

7.斋戒沐浴时,一定要备有用布做的浴衣。斋戒的时候,一定要改变平日吃的饮食,居住的地方必须更换,不与妻妾同房。

【原文】

8.食不厌精,脍不厌细①。食饐而餲②,鱼馁而肉败③,不食。色恶,不食。臭恶,不食。失饪④,不食。不时⑤,不食。割不正,不食。不得其酱,不食。肉虽多,不使胜食气⑥。唯酒无量,不及乱⑦。沽酒市脯⑧,不食。不撤姜食,不多食。

9.祭于公⑨,不宿肉⑩。祭肉不出三日⑪;出三日,不食之矣。

10.食不语,寝不言。

11.虽疏食菜羹,必祭⑫,必齐如也。

12.席不正,不坐。

13.乡人饮酒,杖者出⑬,斯出矣。

【注释】

①脍(kuài):切细的肉。
②饐(yì)而餲(ài):食物经久发臭、变味。
③鱼馁而肉败:鱼不新鲜叫馁,肉不新鲜叫败。
④失饪:烹饪得不得当。
⑤不时:不到成熟时的水果、蔬菜。
⑥不使胜食气:不使肉超过主食的量。气,同"饩(xì)",粮食。
⑦不及乱:不要喝醉以致神志昏乱。
⑧沽酒市脯:买来的酒和熟肉干。脯,干肉。
⑨祭于公:士大夫参加国君举行的祭祀典礼。
⑩不宿肉:祭祀后所分的肉不能过夜。
⑪祭肉:家祭时用过的肉。
⑫必祭:古人吃饭时,将所吃的东西各拿出一点,放于食具之间,以祭祀最初发明饮食的人。
⑬杖者:拄拐杖的人。这里指老人。

【译文】

8.饭食不嫌做得精,肉不嫌切得细。食物日久变味了,鱼和肉不新鲜了,都不吃。食物的颜色变得难看了,不吃。食物的气味变得难闻了,不吃。饭菜烹饪得不得当,不吃。五谷和果实不到成熟时不吃。肉切得不方正,不吃。炒菜时酱用得不当,不吃。饭桌上的肉虽然多,但吃的时候不要超过主食的数量。只有酒不限量,但不要喝到醉乱的程度。从街市上零买来的酒和肉干不要吃。每顿饭要吃姜,但不要多吃。

9.参加国家祭祀时分到的祭肉,不要留到第二天。家祭用过的肉存留时间不要超过三天。超过三天,就不吃它了。

10.吃饭的时候不和别人说话,睡觉时也不说话。

11.虽然吃的是粗米饭蔬菜汤,也要拿出来祭一祭,而且一定要像斋戒那样恭敬严肃。

12.席子铺得不正,不坐。

13.和本乡的人一起饮酒,饮完酒后,要等老年人出去了,自己才出去。

【原文】

14.乡人傩①,朝服而立于阼阶②。

15.问人于他邦,再拜而送之。

16.康子馈药,拜而受之,曰:"丘未达③,不敢尝。"

17.厩焚④。子退朝,曰:"伤人乎?"不问马。

18.君赐食,必正席先尝之。君赐腥,必熟而荐之⑤。君赐生,必畜之。侍食于君,君祭,先饭。

19.疾,君视之。东首⑥,加朝服⑦,拖绅⑧。

20.君命召,不俟驾行矣⑨。

21.入太庙,每事问。

22.朋友死,无所归⑩,曰:"于我殡。"

23.朋友之馈,虽车马,非祭肉,不拜。

24.寝不尸⑪,居不容⑫。

①傩(nuó):古代一种迎神驱疫逐鬼的风俗。
②阼(zuò):大堂前靠东面的台阶,主人站立迎接客人的地方。
③达:了解。
④厩(jiù):马棚。
⑤荐:上供。
⑥东首:头朝东。
⑦加朝服:把上朝时的衣服加在身上,以不失礼于君主。
⑧拖绅:腰带向下拖着。
⑨俟(sì):等待。
⑩归:归宿。这里指安排后事。

⑪不尸:不像死尸一样仰卧。

⑫不容:不必使容貌像上朝时那样严肃。

14.本乡人迎神驱鬼,便穿上朝服站在东面的台阶上。

15.托人向在其他国家的朋友问好时,要向受托的人拜两次送别。

16.季康子赠药给孔子,孔子拜谢后接受了。说:"我对这药性不了解,不敢尝。"

17.马棚失火,孔子退朝回来,问:"伤人了吗?"没有问到马。

18.君主赐给熟食,孔子一定铺正了坐席先尝一尝。君主赐给生肉,一定煮熟了先给祖宗上供。君主赐给活的牲畜,一定把它饲养起来。陪同君主一起吃饭,在君主举行饭前的祭礼时,要先于君主尝饭。

19.孔子有病在家,君主来探视他时,他便头朝东,身上穿着朝服,拖着大带。

20.国君召见,孔子不等马车驾好,就先步行走了。

21.孔子进入太庙助祭,对每件事都仔细询问。

22.朋友死了,没有人料理后事,孔子说:"丧葬的事由我来负责。"

23.朋友赠送的礼品,虽然是车马这样的重礼,只要不是祭肉,孔子在接受的时候便不行拜礼。

24.孔子睡觉不像死尸一样直挺着,平时在家居住不讲究那么多礼仪。

25.见齐衰者①,虽狎②,必变。见冕者与瞽者,虽亵③,必以貌。凶服者,式之④。式负版者⑤。有盛馔⑥,必变色而作。迅雷风烈必变。

26.升车,必正立,执绥⑦。车中,不内顾,不疾言,不亲指。

27.色斯举矣⑧,翔而后集,曰:"山梁雌雉⑨,时哉⑩!时哉!"子路共之⑪,三嗅而作⑫。

①齐衰(zī cuī):孝服。

②狎(xiá):亲近。

③亵(xiè):平常的会见。

④式:同"轼",车前的横木,供扶手用。此处作动词。古人在车上表示敬意时就将身子向前俯,用手扶住轼。

⑤负版者:背着国家户籍图册的人。版,国家的图籍。

⑥盛馔(zhuàn):丰盛的筵席。

⑦绥:车上的绳索,上车时用手拉着。

⑧色斯举矣:色,脸色。举,鸟儿飞起来。此处的文字疑有脱误。

062

⑨雉(zhì):野鸡。
⑩时哉:时运好啊!
⑪共:同"拱"。拱手、抱拳。
⑫三嗅:长鸣了几声。

25.孔子看见穿孝服的人,虽然是关系亲近的人,也一定严肃起来。看见戴礼帽的人和盲人,虽然是一般性会面,也一定礼貌相待。如果坐车时在路上遇到穿丧服的人,就把身子向前俯,用手扶住车前的横木以示敬意。遇见背负着国家图籍的人,也是这样。做客时如果遇到丰盛的饭菜,一定改变态度,站立起来表示谢意。遇见迅雷和大风,也一定把神态变得庄严。

26.孔子上车时,一定要先端正地站好,然后拉着车上的绳索上车。在车上,不回头看,不急促地高声说话,不用手指指画画。

27.孔子看到几只野鸡飞起来,心有感触,神色动了一下。这几只野鸡飞翔了一阵之后,停落在树上。孔子说:"这些山梁上的雌野鸡,时运真不错啊!"子路向它们拱拱手,它们受了惊,叫了几声,便飞走了。

◎ 先进第十一（共二十六章）

题解

本篇主要记述孔子对个别弟子的评价及他的教学活动。

原文

1.子曰："先进于礼乐①,野人也②;后进于礼乐,君子也③。如用之,则吾从先进。"

2.子曰："从我于陈、蔡者,皆不及门也④。"

3.德行:颜渊、闵子骞、冉伯牛、仲弓。言语:宰我、子贡。政事:冉有、季路。文学:子游、子夏。

4.子曰："回也非助我者也,于吾言无所不说。"

5.子曰："孝哉闵子骞!人不间于其父母昆弟之言。"

6.南容三复白圭⑤,孔子以其兄之子妻之。

7.季康子问:"弟子孰为好学?"孔子对曰:"有颜回者好学,不幸短命死矣!今也则亡。"

8.颜渊死,颜路请子之车以为之椁⑥。子曰:"才不才,亦各言其子也。鲤也死⑦,有棺而无椁。吾不徒行以为之椁。以吾从大夫之后⑧,不可徒行也。"

9.颜渊死。子曰:"噫!天丧予!天丧予!"

注释

①先进:指先学习礼乐,在礼乐方面有所长进。

②野人:在野的平民。

③君子:贵族子弟。

④不及门:(此时)不在孔子的门下。

⑤白圭:一种玉器。《诗经·大雅·抑》有云:"白圭之玷,尚可磨也;斯言之玷,不可为也。"

⑥颜路:颜渊的父亲,也是孔子的学生。椁(guǒ):棺材外面的套棺。

⑦鲤:孔子的儿子孔鲤。孔鲤死时五十五岁,时孔子七十岁。

⑧从大夫之后:跟在大夫的后面。这是孔子自谦的一种说法。意为:我也曾经是大夫。

1.孔子说:"先学习礼乐并且使质和文参合得很相宜的人,被说成是鄙陋的野人;后学习礼乐的人,文过其质,倒以为是君子。如果要选用人才,我将选用那些先学习礼乐的人。"

2.孔子说:"跟随我在陈、蔡间受苦的那些弟子,现在都不在我这里了。"

3.孔子的学生中,德行好的有:颜渊、闵子骞、冉伯牛、仲弓。善言辞的有:宰我、子贡。善于做官的有:冉有、季路。通晓古文献的有:子游、子夏。

4.孔子说:"颜回不是个能帮助我的人,他对我的话没有一句不喜欢的。"

5.孔子说:"闵子骞真孝顺呀!人们从他父母兄弟称赞他的话语中,也找不出什么可挑剔的。"

6.南容反复诵读关于白圭的诗句,孔子便把他哥哥的女儿嫁给了南容。

7.季康子问:"你的学生中谁是好学的?"孔子回答说:"有个叫颜回的好学,不幸短命死了,现在已没有这样好学的人了。"

8.颜渊死了,颜渊的父亲颜路请求孔子卖掉车子替颜渊买个外椁。孔子说:"儿子虽然在才能上有分别,但总是自己的儿子。我的儿子孔鲤死了,也只是有棺而无椁。我不能卖掉车子步行来替他买椁。因为我曾经做过大夫,是不可以步行的。"

9.颜渊死了,孔子说:"哎呀!老天爷要我的命呀!老天爷要我的命呀!"

10.颜渊死,子哭之恸①。从者曰:"子恸矣!"曰:"有恸乎?非夫人之为恸而谁为②!"

11.颜渊死,门人欲厚葬之。子曰:"不可。"门人厚葬之。子曰:"回也视予犹父也,予不得视犹子也③。非我也,夫二三子也。"

12.季路问事鬼神。子曰:"未能事人,焉能事鬼?"曰:"敢问死。"曰:"未知生,焉知死?"

13.闵子侍侧,訚訚如也④;子路,行行如也⑤;冉有、子贡,侃侃如也。子乐。"若由也⑥,不得其死然。"

14.鲁人为长府⑦。闵子骞曰:"仍旧贯⑧,如之何?何必改作?"子曰:"夫人不言,言必有中。"

①恸(tòng):非常悲哀。
②夫人:这个人。
③予不得视犹子也:我不能像安葬自己的儿子那样安葬颜渊。厚葬颜渊是不合于礼的。

④誾誾(yín)：和悦而正直的样子。
⑤行行(hàng)：刚强勇猛。
⑥由：仲由，字子路。
⑦鲁人为长府：鲁国的执政者要改修长府。为，改修。长府，仓库名。
⑧仍旧贯：依旧按原样别动。仍，照着。

10.颜渊死了，孔子哭得十分悲伤。随从他的人说："您太悲哀了！"孔子说："是太悲哀了吗？我不为这个人悲哀，还为谁悲哀呢？"

11.颜渊死了，孔子的学生们想用厚礼安葬他。孔子说："不能这样做。"但学生们还是厚葬了颜渊。孔子说："颜回把我看做父亲，我却不能像对待儿子那样对待他。这不是我的过失，是那些学生们要这样做呀！"

12.子路问怎样侍奉鬼神，孔子说："没能服侍好人，怎么能服侍鬼呢？"子路又说："我大胆问一句，死是怎么一回事？"孔子回答说："还不知道人生的道理，怎么能够知道死的道理？"

13.闵子侍立在孔子旁边，显出和悦而正直的样子；子路，则显出刚强勇猛的样子；冉有、子贡，则显出理直气壮而又从容不迫的样子，孔子很高兴。孔子说："像子路这样，恐怕不得好死。"

14.鲁国的执政者要改修长府库。闵子说："保持原有的样子，怎么样？何必改修呢？"孔子说："这个人不轻易说话，一说定要抓住要害。"

原文

15.子曰："由之瑟奚为于丘之门①？"门人不敬子路。子曰："由也升堂矣，未入于室也②。"

16.子贡问："师与商也孰贤③？"子曰："师也过，商也不及。"曰："然则师愈与？"子曰："过犹不及。"

17.季氏富于周公，而求也为之聚敛而附益之④。子曰："非吾徒也。小子鸣鼓而攻之可也！"

18.柴也愚⑤，参也鲁，师也辟⑥，由也喭⑦。

19.子曰："回也其庶乎⑧，屡空⑨。赐不受命而货殖焉⑩，亿则屡中⑪。"

20.子张问善人之道，子曰："不践迹，亦不入于室。"

21.子曰："论笃是与⑫，君子者乎？色庄者乎？"

①瑟：古代一种拨弦的乐器。

066

②升堂、入室:比喻做学问时所达到的两个阶段。

③师与商:即颛孙师(子张)和卜商(子夏)。

④附益:增加。

⑤柴:高柴,孔子的学生。

⑥辟:偏颇。

⑦喭(yàn):粗俗。

⑧庶:差不多。

⑨空:贫穷。

⑩不受命:不安于天命。

⑪亿:同"臆"。猜测。

⑫论笃是与:即"与论笃"。与,赞许。论笃,言论笃实。

15.孔子说:"仲由弹瑟,为什么要在我这里弹?"孔子的学生因此不敬重仲由(子路)。孔子说:"仲由的学问,已经达到'升堂'的程度,但是还没有做到'入室'。"

16.子贡问孔子:"颛孙师和卜商哪个做事好些?"孔子说:"颛孙师过分一些,卜商还欠缺一些。"子贡问:"那么颛孙师比较好吗?"孔子说:"过分和欠缺是一样的。"

17.季氏比周公还富有,冉求还为他搜刮更多的钱财,增加季氏的财富。孔子说:"冉求不再是我的学生了,你们学生可以公开攻击他。"

18.高柴愚笨,曾参迟钝,颛孙师偏颇,仲由粗俗。

19.孔子说:"颜回的道德学问差不多了吧,可是他常常贫穷。端木赐不接受命运的安排,去做买卖,猜测市场行情,却常常猜中。"

20.子张问做善人的道理。孔子说:"善人不踏着别人的足迹走,但他的学问也达不到完善的地步。"

21.孔子说:"我称赞言论笃实的人,但要考查一下,这种人是真正的君子呢,还是伪装庄重的人?"

22.子路问:"闻斯行诸①?"子曰:"有父兄在,如之何其闻斯行之?"冉有问:"闻斯行诸?"子曰:"闻斯行之。"公西华曰:"由也问'闻斯行诸',子曰'有父兄在';求也问'闻斯行诸',子曰'闻斯行之'。赤也惑,敢问。"子曰:"求也退,故进之;由也兼人②,故退之。"

23.子畏于匡,颜渊后。子曰:"吾以女为死矣。"曰:"子在,回何敢死?"

24.季子然问:"仲由、冉求可谓大臣与?"子曰:"吾以子为异之问③,曾由与求之问④。所谓大臣者,以道事君,不可则止。今由与求也,可谓具臣矣⑤。"曰："然则从之者与?"子曰："弑父与君,亦不从也。"

25.子路使子羔为费宰⑥。子曰："贼夫人之子⑦。"子路曰："有民人焉,有社稷焉⑧,何必读书,然后为学?"子曰："是故恶夫佞者⑨。"

①闻斯行诸:明白了道理就马上行动。斯,道理,应该做的事。
②兼人:胜过人,一人能顶两人。
③为异之问:问其他的人。异,其他的。
④曾:原来是。
⑤具臣:充数的臣。
⑥费宰:费地的行政长官。
⑦贼夫人之子:坑害别人的子弟。贼,坑害。孔子认为子羔学业未成就去当官,无异于害他。
⑧社稷:祭祀土地神和谷神的地方。
⑨恶(wù):厌恶。

译文

22.子路问："明白了道理就马上行动吗?"孔子说："有父兄在,怎么能不请示就行动呢?"冉有问："明白了道理就马上行动吗?"孔子说："明白了就行动吧。"公西华问孔子："仲由问'明白了就马上行动吗',您说'有父兄在';冉求问'明白了就马上行动吗',您说'明白了就行动'。我有些不明白,大胆来请您回答。"孔子说："冉求做事往往退缩不前,所以鼓励他;仲由的勇气超过常人,敢作敢为,所以我让他慎重。"

23.孔子被人围困在匡地,颜渊最后才逃出来。孔子说："我以为你死了。"颜渊说："您还健在,我怎么敢先死呢?"

24.季子然问："仲由和冉求可以说是大臣吗?"孔子说："我以为你问的是别人,原来问的是仲由和冉求呀。所谓的大臣,是能够用先王之道来侍奉国君,如果不能这样,就宁可辞职不干。现在仲由和冉求这两个人,可以算是充数的大臣了。"季子然又问："那么他们会顺从季氏吗?"孔子说："杀死父亲和国君的事,他们是不会跟从的。"

25.子路让子羔去做费地的长官。孔子说："这是坑害人的子弟。"子路说："费地有老百姓,有祭祀土地神和谷神的社稷,为什么一定要读书才算是有学问呢?"孔子说："所以我讨厌那花言巧语的人。"

26.子路、曾皙、冉有、公西华侍坐。子曰："以吾一日长乎尔,毋吾以也①。居则曰'不吾知也②!'如或知尔,则何以哉?"子路率尔而对曰③:

"千乘之国，摄乎大国之间④，加之以师旅⑤，因之以饥馑，由也为之，比及三年，可使有勇，且知方也⑥。"夫子哂之⑦。"求！尔何如？"对曰："方六七十，如五六十，求也为之，比及三年，可使足民。如其礼乐，以俟君子。""赤！尔何如？"对曰："非曰能之，愿学焉。宗庙之事，如会同⑧，端章甫⑨，愿为小相焉⑩。""点，尔何如？"鼓瑟希，铿尔⑪，舍瑟而作⑫，对曰："异乎三子者之撰。"子曰："何伤乎？亦各言其志也。"曰："莫春者⑬，春服既成⑭，冠者五六人⑮，童子六七人，浴乎沂⑯，风乎舞雩⑰，咏而归。"夫子喟然叹曰："吾与点也！"三子者出，曾晳后。曾晳曰："夫三子者之言何如？"子曰："亦各言其志也已矣。"曰："夫子何哂由也？"曰："为国以礼，其言不让，是故哂之。""唯求则非邦也与？""安见方六七十如五六十而非邦也者？""唯赤则非邦也与？""宗庙会同，非诸侯而何？赤也为之小，孰能为之大？"

①毋吾以也：不要因为我而受拘束，停止说话。以，同"已"，停止。

②居：平素闲居在家。

③率尔：轻率。

④摄：夹在其中。

⑤加之以师旅：受别国的侵犯。

⑥知方：懂得道义、礼法。

⑦哂(shěn)：讥笑。

⑧会同：诸侯会盟。

⑨端章甫：端，古代礼服的名称。章甫，一种礼帽。

⑩相：在祭祀、会同时行赞礼的人员，即司仪。

⑪铿(kēng)尔：形容乐声有节奏而响亮。

⑫作：站起身来。

⑬莫：同"暮"。

⑭春服既成：春天的服装已经穿定了。

⑮冠者：成年人。古代男子二十岁行冠礼，束发加冠，表示已经成年。

⑯沂(yí)：水名。在今山东曲阜县南。

⑰舞雩(yú)：地名。是鲁国祭天求雨的地方。

26.子路、曾晳、冉有、公西华陪孔子闲坐。孔子说："我比你们年纪大些，你们不要因此就不敢发表意见。平时你们总是说：'没有人了解我呀！'如果有人了解你们，要任用你们，你们要怎么样呢？"子路急忙答道："一个拥有千辆兵车的国家，夹在大国的中间,外有别国军队的侵犯,内有灾荒,这样的国家让我去治理,只要三年,就可以使人民勇敢,而且明白一些道理。"孔子听了,笑了一下。孔子又问:"冉求,你怎么样?"冉求回答:"一个六七十里见方或者五六十里见方的国家,让我去治理,只要三年,可以使人民吃饱穿暖。至于礼乐教化的事情,只有等待贤人君子了。"孔子又问:"公西华,你怎么样?"公西华说:"不敢说我能胜任,只是我愿意学习。宗庙祭祀的事,或者与别的国家会盟的事,我愿意穿上礼服,戴上礼帽,担任一个小小的司仪。"孔子又问:"曾点,你怎么样?"正在弹瑟的曾点弹瑟渐近尾声,铿的一声,放下瑟,站起来回答:"我的想法和他们三位有些不同。"孔子说:"这不要紧,不过是各自谈谈自己的志向罢了!"曾点说:"暮春三月,春天的服装已经穿定了,相约上五六个成年人,六七个小孩,在沂水边洗洗澡,在舞雩台上吹吹风,一路唱着歌走回来。"孔子长叹一声说:"我赞同曾点的想法!"子路、冉有、公西华三人退了出来,曾晳后走。曾晳问孔子:"他们三人的话怎么样?"孔子说:"也不过谈谈各自的志向罢了。"曾晳又问:"您为什么要笑仲由呢?"孔子说:"治理国家要讲礼让,但他的话一点也不谦让,所以笑他。"曾晳又问:"难道冉求所讲的不是国家之事吗?"孔子说:"哪里见得六七十里见方或者五六十里见方的地方就不是国家呢?"曾晳又问:"公西赤所说的不是国家之事吗?"孔子说:"有宗庙,又和别国有会盟,不是国家是什么?如果公西赤只能做个司仪那样的小相,那谁还能做大的呢?"

◎颜渊第十二（共二十四章）

本篇主要记叙了孔子对门下弟子诸多问题的解答。

【原文】

1.颜渊问仁。子曰："克己复礼为仁①。一日克己复礼，天下归仁焉②。为仁由己，而由人乎哉？"颜渊曰："请问其目③。"子曰："非礼勿视，非礼勿听，非礼勿言，非礼勿动。"颜渊曰："回虽不敏，请事斯语矣④。"

2.仲弓问仁。子曰："出门如见大宾⑤，使民如承大祭。己所不欲，勿施于人。在邦无怨⑥，在家无怨⑦。"仲弓曰："雍虽不敏⑧，请事斯语矣。"

3.司马牛问仁。子曰："仁者，其言也讱⑨。"曰："其言也讱，斯谓之仁已乎？"子曰："为之难，言之得无讱乎？"

4.司马牛问君子。子曰："君子不忧不惧。"曰："不忧不惧，斯谓之君子已乎？"子曰："内省不疚，夫何忧何惧？"

5.司马牛忧曰："人皆有兄弟，我独亡。"子夏曰："商闻之矣：'死生有命，富贵在天。'君子敬而无失，与人恭而有礼，四海之内皆兄弟也。君子何患乎无兄弟也？"

①克己复礼：克制自己，使言行回复到礼的标准。
②天下归仁：天下的人赞许你是仁人。归，称赞。
③目：纲目、要点。
④事斯语：按照此话去做事。
⑤大宾：贵宾。
⑥在邦：在诸侯之邦做官。
⑦在家：在卿大夫之家做官。
⑧雍：冉雍，字仲弓。
⑨讱（rèn）：言语不流畅。

1.颜渊问孔子什么是仁。孔子说："克制自己，使言行都合于礼的标准，这就是仁。一旦这样做了，天下的人就会赞许你是仁人。实践仁德在自己，难道还靠别人

2.仲弓问孔子什么是仁。孔子说:"出门做事如同接待贵宾一样,役使百姓如同承奉重大祭祀一样。自己不喜欢的事,不可强加在别人身上。在邦国和在卿大夫家做事,都让人家没有怨恨。"仲弓说:"我虽然不聪敏,但一定会按照您的话去做。"

3.司马牛问什么是仁。孔子说:"有仁德的人不轻易说话。"司马牛说:"不轻易说话,这就叫做仁了吗?"孔子说:"合乎仁的事做起来都很困难,说话时能不慎重吗?"

4.司马牛问怎样才算是君子。孔子说:"君子不忧愁、不恐惧。"司马牛说:"不忧愁、不恐惧,这样就算君子了吗?"孔子说:"自我反省,内心无愧,还有什么可忧愁和恐惧的呢?"

5.司马牛忧愁地说:"别人都有兄弟,惟独我没有。"子夏说:"我听说过:'生死由命注定,富贵与否由上天安排。'君子只要做事认真无过失,待人谦恭有礼貌,那么,四海之内的人都是自己的兄弟。君子何必忧愁没有兄弟呢?"

原文

6.子张问明。子曰:"浸润之谮①,肤受之愬②,不行焉,可谓明也已矣。浸润之谮,肤受之愬,不行焉,可谓远也已矣。"

7.子贡问政。子曰:"足食,足兵③,民信之矣。"子贡曰:"必不得已而去,于斯三者何先?"曰:"去兵。"子贡曰:"必不得已而去,于斯二者何先?"曰:"去食。自古皆有死,民无信不立。"

8.棘子成曰④:"君子质而已矣,何以文为?"子贡曰:"惜乎,夫子之说君子也⑤!驷不及舌⑥。文犹质也,质犹文也,虎豹之鞟犹犬羊之鞟⑦。"

9.哀公问于有若曰:"年饥,用不足,如之何?"有若对曰:"盍彻乎⑧?"曰:"二,吾犹不足,如之何其彻也?"对曰:"百姓足,君孰与不足?百姓不足,君孰与足?"

10.子张问崇德、辨惑。子曰:"主忠信,徙义⑨,崇德也。爱之欲其生,恶之欲其死。既欲其生,又欲其死,是惑也。'诚不以富,亦祗以异⑩。'"

11.齐景公问政于孔子。孔子对曰:"君君,臣臣,父父,子子。"公曰:"善哉!信如君不君、臣不臣、父不父、子不子,虽有粟,吾得而食诸?"

①浸润之谮(zèn):像水浸灌那样慢慢积累起来的诽谤。谮,诽谤。
②肤受之愬:像肌肤能够感受到疼痛那样的诬告。愬,诬告。
③兵:武器。
④棘子成:卫国的大夫。
⑤夫子:对大夫的尊称。
⑥驷不及舌:话一出口,就是四匹马拉的车也难以追回。驷,四匹马驾的车。
⑦鞟(kuò):去了毛的兽皮。
⑧彻:周代一种税制,十分抽一。
⑨徙义:向义靠近,即按照义去做。
⑩诚不以富,亦祇(qí)以异:这是《诗经·小雅·我行其野》中的两句。意思为:诚然不是因为嫌贫爱富,也是喜新厌旧。有人认为这两句诗是其他章节的文字,误排于此。

6.子张问怎样才算遇事明白。孔子说:"像水浸润那样慢慢积累起来的诽谤,像有切肤之痛那样的诬告,在你那里都行不通,那你可以算是明白人了。像水浸润那样慢慢积累起来的诽谤,像有切肤之痛那样的诬告,在你那里行不通,你可以说是看得远了。"

7.子贡问如何治理国家。孔子说:"粮食充足,军备充足,百姓信任国家。"子贡说:"如果迫不得已要去掉一项,在这三项中先去掉哪一项呢?"孔子说:"去掉军备。"子贡说:"如果要再去掉一项,在剩余的两项中去掉哪一项呢?"孔子说:"去掉粮食。自古以来人都免不了要死,如果百姓对国家失去信任,那国家就失去了存在的根本。"

8.棘子成说:"君子只要质朴就可以了,何必要那些文采呢?"子贡说:"可惜呀!您竟这样评说君子,一言既出,驷马难追。文采和质朴同样重要。如果去掉了皮上的毛,那虎豹的皮和犬羊的皮便难以区别了。"

9.鲁哀公问有若说:"年成不好,国家的财政费用不足,怎么办?"有若回答说:"为什么不实行原来十分抽一的税率呢?"鲁哀公说:"十分抽二,我还感到不够,怎么能实行十分抽一呢?"有若说:"如果百姓的用度足,您怎么会不足?如果百姓的用度不足,您又怎么会足?"

10.子张问如何提高品德,辨别迷惑。孔子说:"以忠诚信实为主,尽力做到义,这样就能提高品德。喜爱一个人,就希望他永远活着,厌恶一个人,就希望他马上死去,既希望他活,又希望他死,这就是迷惑。《诗经》上说:'诚不以富,亦祇以异。'"

11.齐景公问如何治理国家。孔子说:"做国君的要像个国君,做大臣的要像个大臣,做父亲的要像个父亲,做儿子的要像个儿子。"齐景公说:"这话说得好啊!如

中国家庭基本藏书

果国君不像国君,大臣不像大臣,父亲不像父亲,儿子不像儿子,虽然有粮食,我能吃得上吗?"

原文

12.子曰:"片言可以折狱者①,其由也与?子路无宿诺②。"

13.子曰:"听讼,吾犹人也。必也使无讼乎!"

14.子张问政。子曰:"居之无倦,行之以忠。"

15.子曰:"博学于文,约之以礼,亦可以弗畔矣夫!"

16.子曰:"君子成人之美,不成人之恶;小人反是。"

17.季康子问政于孔子,孔子对曰:"政者,正也。子帅以正,孰敢不正?"

18.季康子患盗,问于孔子。孔子对曰:"苟子之不欲,虽赏之不窃。"

19.季康子问政于孔子曰:"如杀无道,以就有道,何如?"孔子对曰:"子为政,焉用杀?子欲善而民善矣。君子之德风,小人之德草,草上之风必偃③。"

20.子张问:"士何如斯可谓之达矣④?"子曰:"何哉,尔所谓达者?"子张对曰:"在邦必闻⑤,在家必闻。"子曰:"是闻也,非达也。夫达也者,质直而好义,察言而观色,虑以下人。在邦必达,在家必达。夫闻也者,色取仁而行违,居之不疑。在邦必闻,在家必闻。"

注释

①折狱:断案。
②无宿诺:没有隔夜的诺言。宿,隔夜。
③偃(yǎn):倒。
④达:显达。
⑤闻:名望。这里指虚有其名。

译文

12.孔子说:"根据简单的几句话就能判断案件的,大概只有仲由吧!子路许诺的事不会过夜,一定当天做完。"

13.孔子说:"审理案件,我同别人的办法是一样的。所不同的是我一定要想办法使诉讼之事不再发生!"

14.子张问如何为官。孔子说:"做官要尽职尽责,不松懈怠慢。执行政令要忠诚不二。"

15.孔子说:"广泛地学习古代文献,用礼来约束自己,就可以不违背君子之道了!"

16.孔子说:"君子成全别人的好事,不促成别人的坏事;小人则和这相反。"

17.季康子问孔子如何处理政事。孔子回答说:"政就是端正,你自己带头端正,谁还敢不端正?"

18.季康子因为盗贼太多而忧虑,他问孔子有什么办法。孔子说:"如果你自己不贪图财利,就是奖赏盗贼,也没有人去盗窃。"

19.季康子问孔子如何治理国家,说:"如果杀掉无道的人,接近有道的人,怎么样?"孔子回答说:"你治理国家,哪里用得着杀人?只要你想办法把国家治理好,老百姓自然会好起来。君子的品德就像风,小人的品德就像草,风吹向草,草就会随风而倒。"

20.子张问:"读书人怎样才可以叫做显达?"孔子说:"你所说的显达是什么意思?"子张回答说:"在朝廷做官时一定有名声,为大夫做家臣时一定有名声。"孔子说:"这只是名声,而不是显达。所谓达,就是质朴正直,崇尚礼义,分析别人的言语,观察别人的脸色,待人谦虚有礼貌。这样的人在朝廷做官一定显达,为大夫做家臣一定显达。至于有虚名的人,表面上好像爱好仁德,行动上却违反仁德,而他自己却以仁人自居而不疑。这样的人在朝廷一定会骗取虚名,为大夫做家臣一定会骗取虚名。"

21.樊迟从游于舞雩之下,曰:"敢问崇德、修慝①、辨惑。"子曰:"善哉问!先事后得,非崇德与?攻其恶,无攻人之恶,非修慝与?一朝之忿,忘其身,以及其亲,非惑与?"

22.樊迟问仁。子曰:"爱人。"问知②。子曰:"知人。"樊迟未达③。子曰:"举直错诸枉④,能使枉者直。"樊迟退,见子夏,曰:"乡也吾见于夫子而问知⑤,子曰:'举直错诸枉,能使枉者直。'何谓也?"子夏曰:"富哉言乎!舜有天下,选于众,举皋陶,不仁者远矣。汤有天下,选于众,举伊尹,不仁者远矣。"

23.子贡问友。子曰:"忠告而善道之⑥,不可则止,毋自辱焉。"

24.曾子曰:"君子以文会友,以友辅仁。"

①修慝(tè):消除心中的邪念。慝,邪念。
②知:通"智"。
③达:弄通,明白。
④举直错诸枉:提拔正直的人放在不正直的人之上。错,同"措",放置。枉,不正直。

⑤乡:通"向"。方才。

⑥道:通"导",开导。

21.樊迟陪孔子在舞雩台下闲游,说:"请问怎样提高品德,怎样消除心中的邪念?怎样辨别迷惑?"孔子说:"这个问题问得好!先做事,后讲收获,这不就是提高品德吗?检讨自己的错误,不去指责别人的错误,这不就是消除自己邪念的方法吗?因为一时的愤怒,而忘掉自己的安危,甚至连累亲人,这不就是迷惑吗?"

22.樊迟问什么是仁。孔子说:"仁就是爱人。"樊迟又问什么是智。孔子说:"智就是善于识别人。"樊迟不明白。孔子说:"把正直的人提拔到邪恶的人上面,就能使邪恶的人变得正直。"樊迟出来后,见到了子夏,说:"刚才我见到老师,问什么叫智,老师说'把正直的人提拔到邪恶的人上面,就能使邪恶的人变得正直',这是什么意思?"子夏说:"这话的内容多么丰富呀!舜得了天下,在众人中选拔人才,选拔出皋陶,不仁的人就远远离开了,仁者就来到了。汤得了天下,在众人中选拔人才,选拔出伊尹,不仁的人远远离开了,仁者就来到了。"

23.子贡问怎样对待朋友。孔子说:"诚心诚意地劝告他,耐心地开导他,他不听也就算了,不要自讨侮辱。"

24.曾子说:"君子用文章学问来结交朋友,用朋友的帮助来培养仁德。"

◎子路第十三（共三十章）

题解

本篇主要记叙了孔子对弟子及旁人问政、问人、问事等的解答。

原文

1.子路问政。子曰："先之①，劳之。"请益②。曰："无倦。"

2.仲弓为季氏宰，问政。子曰："先有司③，赦小过，举贤才。"曰："焉知贤才而举之？"子曰："举尔所知。尔所不知，人其舍诸？"

3.子路曰："卫君待子而为政，子将奚先④？"子曰："必也正名乎⑤！"子路曰："有是哉，子之迂也！奚其正？"子曰："野哉，由也！君子于其所不知，盖阙如也⑥。名不正，则言不顺；言不顺，则事不成；事不成，则礼乐不兴；礼乐不兴，则刑罚不中⑦；刑罚不中，则民无所错手足⑧。故君子名之必可言也，言之必可行也。君子于其言，无所苟而已矣⑨。"

4.樊迟请学稼。子曰："吾不如老农。"请学为圃⑩。曰："吾不如老圃。"樊迟出，子曰："小人哉，樊须也！上好礼，则民莫敢不敬；上好义，则民莫敢不服；上好信，则民莫敢不用情。夫如是，则四方之民襁负其子而至矣⑪，焉用稼？"

①先之：以身作则给百姓带头。

②请益：请多讲些。

③有司：官吏。

④奚先：先干什么？奚，什么。

⑤正名：纠正礼制名分上的不当。

⑥阙如：缺而不言。

⑦中：恰当，得当。

⑧错：同"措"。放置，安排。

⑨苟：马虎，随便。

⑩圃：菜园。此处引申为种菜。

⑪襁：背婴儿的背带。

译义

1.子路问如何治理国家。孔子说："自己首先要带头干,然后带动百姓勤劳地干。"子路请孔子再多讲些。孔子说："不要松懈、懒惰。"

2.仲弓做季氏的总管,问孔子怎样为政。孔子说："凡事要给手下的官吏带头,对他们的小过错不要追究,要选拔贤良的人才。"仲弓说："怎么识别贤良的人才,把他们选拔出来呢?"孔子说："选拔你所知道的,那些你所不知道的,别人难道会把他们舍弃吗?"

3.子路对孔子说："如果卫国的国君要您去帮他治理国家,您将要先做什么事呢?"孔子说："必须先正名分。"子路说："有这样做的吗?您太迂了,为什么要正名分呢?"孔子说："仲由真是太粗野了!君子对自己所不知道的事情,大概总是缺而不言。如果名分不正,那么你所说的话就缺乏合理性;你的话缺乏合理性,事情就办不成;事情办不成,国家的礼乐制度就不能兴建起来;礼乐制度兴建不起来,刑罚的执行就不会恰当;刑罚执行得不恰当,老百姓就会手足无措。所以,君子确定名分必须有可以说清楚的道理,说了的话一定要行得通。君子对自己所说的话,只是不随便对待而已。"

4.樊迟向孔子请教种庄稼的知识。孔子说："我不如老农。"樊迟又请教种菜的知识。孔子说："我不如老菜农。"樊迟出去后,孔子说："樊迟真是个小人。朝廷重视礼,百姓就不敢不尊敬;朝廷重视义,百姓就不敢不服从;朝廷重视信用,百姓就不敢不说出真实情况。如果能做到这样,四面八方的老百姓就会背着小孩来投奔,为政者哪里用得上自己去种庄稼呢?"

原文

5.子曰:"诵《诗》三百,授之以政,不达①;使于四方,不能专对②;虽多,亦奚以为?"

6.子曰:"其身正,不令而行;其身不正,虽令不从。"

7.子曰:"鲁卫之政,兄弟也。"

8.子谓卫公子荆:"善居室。始有,曰:'苟合矣。'少有,曰:'苟完矣。'富有,曰:'苟美矣。'"

9.子适卫③,冉有仆④。子曰:"庶矣哉⑤!"冉有曰:"既庶矣,又何加焉⑥?"曰:"富之。"曰:"既富矣,又何加焉?"曰:"教之。"

10.子曰:"苟有用我者,期月而已可也⑦,三年有成。"

11.子曰:"'善人为邦百年,亦可以胜残去杀矣。'诚哉,是言也!"

12.子曰:"如有王者,必世而后仁⑧。"

13.子曰:"苟正其身矣,于从政乎何有?不能正其身,如正人何?"

14.冉子退朝,子曰:"何晏也⑨?"对曰:"有政。"子曰:"其事也。如有政,虽不吾以⑩,吾其与闻之。"

注释

①达:通达,会运用,会处理。

②专对:根据外交的具体情况,随机应变。

③适:到。

④仆:驾车。

⑤庶:(人口)众多。

⑥何加:该怎么办?

⑦期(jī)月:一整年。

⑧世:三十年。

⑨晏:晚。

⑩吾以:用我。以,用。

译文

5.孔子说:"熟读《诗经》三百篇,派他从政为官,却不会处理政务;派他当外交使节,却不能独立地办理外交事务,虽然他读得很多,又有什么用呢?"

6.孔子说:"自己的品行端正,就是不发命令,老百姓也会行动起来;自己的品行不端,虽然有严令,老百姓也不会服从。"

7.孔子说:"鲁、卫两国的政令法度差不多,像兄弟一样。"

8.孔子谈到卫国的公子荆,说:"他善于料理家业。刚有一些家产,便说:'差不多够了。'稍增加一些,又说:'差不多完备了。'当富足一些时,又说:'几乎完美无缺了。'"

9.孔子到卫国去,冉有给他驾车。孔子说:"人口真多呀!"冉有说:"人多了,又该怎么办呢?"孔子说:"让他们富裕起来。"冉有又问:"如果富裕起来,又该怎么办呢?"孔子说:"教育他们。"

10.孔子说:"如果有人任用我管理国家,一年就差不多了,三年就会大有成效。"

11.孔子说:"善人治理国家一百年,也可以免除残暴,取消刑杀。这句话说得真好啊!"

12.孔子说:"如果有人兴起为王,也必须经过三十年才能实现仁政。"

13.孔子说:"如果能端正自身的行为,那么治理国家还有什么困难呢?不能端正自身的行为,如何去端正别人呢?"

14.冉有从季氏的官府回来,孔子问:"为什么回来得这么晚?"冉有回答说:"有政事。"孔子说:"不过是季氏家一般的事务罢了。如果是政务,虽然我现在不做大夫了,我也会知道的。"

15.定公问:"一言而可以兴邦,有诸?"孔子对曰:"言不可以若是其几也①。人之言曰:'为君难,为臣不易。'如知为君之难也,不几乎一言而兴邦乎?"曰:"一言而丧邦,有诸?"孔子对曰:"言不可以若是其几也。人之言曰:'予无乐乎为君,唯其言而莫予违也。'如其善而莫之违也,不亦善乎?如不善而莫之违也,不几乎一言而丧邦乎?"

16.叶公问政,子曰:"近者悦,远者来。"

17.子夏为莒父宰②,问政。子曰:"无欲速,无见小利。欲速则不达,见小利则大事不成。"

18.叶公语孔子曰:"吾党有直躬者③,其父攘羊④,而子证之。"孔子曰:"吾党之直者异于是:父为子隐,子为父隐,直在其中矣。"

19.樊迟问仁。子曰:"居处恭,执事敬,与人忠。虽之夷狄,不可弃也。"

20.子贡问曰:"何如斯可谓之士矣?"子曰:"行己有耻,使于四方,不辱君命,可谓士矣。"曰:"敢问其次?"曰:"宗族称孝焉,乡党称弟焉。"曰:"敢问其次。"曰:"言必信,行必果,硁硁然小人哉⑤,抑亦可以为次矣。"曰:"今之从政者何如?"子曰:"噫!斗筲之人⑥,何足算也!"

21.子曰:"不得中行而与之⑦,必也狂狷乎⑧!狂者进取,狷者有所不为也。"

①几(jī):期望。
②莒(jǔ)父:鲁国地名。
③直躬者:直率行事的人。
④攘:偷。
⑤硁(kēng)硁:气量狭小而固执的样子。
⑥斗筲(shāo):容量小的器具。筲,竹器。此处比喻气量狭小或才识短浅。
⑦中行:合乎中庸之道的言行。
⑧狂狷:狂,志向高大、骄傲自大。狷,洁身自好,有所不为。

15.鲁定公问:"一句话可以使国家兴盛起来,有这样的事吗?"孔子回答说:"不能期望一句话有这样大的效果。有人说:'做国君难,做臣下不容易。'如果知道当国君很难,这不是接近于一句话可以使国家兴盛起来吗?"鲁定公又问:"一句话可使国家衰亡,有这样的事吗?"孔子回答说:"不能期望一句话有这样大的效果。有人说:'我不高兴自己当国君,只是对没有人敢违抗我的话感到高兴。'如果他的话正确,没有人去违抗,不也很好吗?如果他的话不正确,而没有人敢违抗,这不是接近于一句话可以使国家衰亡吗?"

16.叶公问孔子怎样治理国家。孔子说:"使国内的百姓高兴,使国外的百姓前来归附。"

17.子夏去莒父做行政长官,问孔子怎样处理政事。孔子说:"不要图快,不要贪小利。图快反而达不到目的,贪小利则办不成大事。"

18. 叶公对孔子说:"我的家乡有个直爽的人,他的父亲偷了羊,他便前去告发。"孔子说:"我们家乡直爽的人和你说的不一样,父亲替儿子隐瞒,儿子替父亲隐瞒,这样做,直爽就在其中了。"

19.樊迟问怎样做才是仁。孔子说:"居住在家时态度端正,办事严肃认真,与人相处要诚恳。就是到了夷狄那里,这些品德也是不可丢弃的。"

20.子贡问道:"怎样才可以称为士?"孔子说:"以自己的行为不端正为耻辱,出使其他国家,不辜负君主的重托,这样的人可以称为士。"子贡说:"那么差一等的呢?"孔子说:"宗族中的人称赞他有孝行,同乡的人称赞他尊敬兄长。"子贡又问:"那么再差一等的呢?"孔子说:"说话一定守信用,行动一定坚决果断,即使是气量狭小、固执己见的小人,也可以算是差一等的士了。"子贡问:"现在在位执政的人怎么样?"孔子说:"哎! 这些气量狭小的人算得了什么!"

21.孔子说:"找不到言行合于中庸之道的人与他交往,只好和狂者、狷者相交了! 狂者有进取精神,狷者洁身自好,不肯做不义之事。"

原文

22.子曰:"南人有言曰:'人而无恒,不可以作巫医①。'善夫!""不恒其德②,或承之羞。"子曰:"不占而已矣。"

23.子曰:"君子和而不同,小人同而不和。"

24.子贡问曰:"乡人皆好之,何如?"子曰:"未可也。""乡人皆恶之,何如?"子曰:"未可也。不如乡人之善者好之,其不善者恶之。"

25.子曰:"君子易事而难说也③。说之不以道,不说也;及其使人也,器之④。小人难事而易说也。说之虽不以道,说也;及其使人也,求备焉。"

26.子曰:"君子泰而不骄,小人骄而不泰。"

27.子曰:"刚、毅、木、讷,近仁。"

28.子路问曰:"何如斯可谓之士矣?"子曰:"切切偲偲⑤,怡怡如也⑥,可谓士矣。朋友切切偲偲,兄弟怡怡。"

29.子曰:"善人教民七年,亦可以即戎矣⑦。"

30.子曰:"以不教民战,是谓弃之。"

①巫医:古代用占卜方法为人治病的人。

②不恒其德,或承之羞:引自《易经》。

③易事而难说(yuè):容易侍奉而不容易博得他的喜欢。

④器之:量才而用人。

⑤切切偲(sī)偲:相互督促、勉励。

⑥怡怡:和悦。

⑦即戎:从军作战。

22.孔子说:"南方人有句话说:'人要是没有恒心,连巫医也不能做。'这句话讲得好啊!"《易经·恒卦》的爻辞说:"人要是不能持久地保持德行,就会招来耻辱。"孔子说:"这句话的意思是说,没有恒心的人就用不着去占卜了。"

23.孔子说:"君子讲和谐而不盲从附和,小人盲从附和而不讲和谐。"

24.子贡问道:"一乡的人都称赞他,这个人怎么样?"孔子说:"还不行。"子贡又说:"一乡的人都讨厌他,这个人怎么样?"孔子说:"也还不行。最好是一乡的好人称赞他,一乡的坏人都讨厌他。"

25.孔子说:"在君子手下做事容易,但要想博得他的喜欢却不容易。不用正当的方法去博得他的喜欢,他是不会喜欢的;待到他使用人的时候,却能量才而用。在小人手下做事很难,但博得他的喜欢却是很容易的。虽然不用正当的方法博得他的喜欢,但他还是喜欢的;待到使用人时,他不是量才录用,而是求全责备。"

26.孔子说:"君子泰然安舒而不傲慢放肆,小人傲慢放肆却不安舒泰然。"

27.孔子说:"刚强、坚毅、朴实、言语谨慎,这四种品德接近于仁。"

28.子路问道:"怎样才可以叫做士呢?"孔子说:"相互督促,和颜悦色,就可以叫做士了。朋友之间,相互督促,兄弟之间,和颜悦色。"

29.孔子说:"有作为的领导人教练人民七年,就可以叫他们从军作战。"

30. 孔子说:"让没有受过军事训练的人民去作战,这就等于让他们白白去送死。"

◎宪问第十四（共四十四章）

本篇主要阐述为政者所应当遵循的政治准则和为政者所应具备的道德修养。

原文

1.宪问耻。子曰："邦有道，谷；邦无道，谷，耻也。""克、伐、怨、欲不行焉，可以为仁矣?"子曰："可以为难矣，仁则吾不知也。"

2.子曰："士而怀居①，不足以为士矣。"

3.子曰："邦有道，危言危行②；邦无道，危行言孙③。"

4.子曰："有德者必有言，有言者不必有德；仁者必有勇，勇者不必有仁。"

5.南宫适问于孔子曰④："羿善射，奡荡舟⑤，俱不得其死然。禹稷躬稼而有天下。"夫子不答。南宫适出，子曰："君子哉若人! 尚德哉若人!"

6.子曰："君子而不仁者有矣夫! 未有小人而仁者也。"

7.子曰："爱之，能勿劳乎?忠焉，能勿诲乎?"

8.子曰："为命⑥，裨谌草创之，世叔讨论之，行人子羽修饰之⑦，东里子产润色之。"

注释

①怀居：留恋安逸的家庭生活。

②危：直。

③孙：同"逊"。卑顺。

④南宫适(kuò)：即南容。

⑤奡(ào)：夏代人，大力士。

⑥为命：创制外交公文。

⑦行人：外交官。

1.原宪问什么是耻辱。孔子说："国家政治清明，可以做官拿俸禄；国家政治昏暗，却做官拿俸禄，这就是耻辱。"原宪又说："好胜、自夸、怨恨、贪欲四种毛病都能克制而不犯的人，可以算做仁人了吗?"孔子说："这可以说是难能可贵的了，若说

083

是否可以算做仁人,那我就不知道了。"

2.孔子说:"读书的人,如果过分留恋安逸的家庭生活,便不足以做读书人了。"

3.孔子说:"国家政治清明时,便直言直行;国家政治昏暗时,便行为正直,但说话要卑顺些,不要过于直率。"

4.孔子说:"有道德的人一定能说出有道理的话,但是能说出有道理的话的人,不一定就有道德。仁人必定勇敢,但是勇敢的人,不一定就有仁德。"

5.南宫适问孔子说:"羿善于射箭,奡善于水战,最后都不得好死。禹和稷亲自下地种田,却都得到了天下。"孔子没有回答。南宫适出去后,孔子说:"这个人真是个君子呀!这个人多崇尚道德呀!"

6.孔子说:"君子偶尔做出不仁的事是会有的吧,却没有小人会做出有仁德的事来。"

7.孔子说:"爱他,能不让他劳苦吗?忠于他,能不给他教诲吗?"

8.孔子说:"郑国创制外交公文,先由裨谌起草,经世叔研究后提出意见,再由外交官子羽修改,最后由子产作语词上的加工。"

原文

9.或问子产,子曰:"惠人也。"问子西,曰:"彼哉①!彼哉!"问管仲,曰:"人也。夺伯氏骈邑三百②,饭疏食,没齿无怨言③。"

10.子曰:"贫而无怨难,富而无骄易。"

11.子曰:"孟公绰为赵、魏老则优④,不可以为滕、薛大夫。"

12.子路问成人⑤。子曰:"若臧武仲之知,公绰之不欲,卞庄子之勇,冉求之艺,文之以礼乐,亦可以为成人矣。"曰:"今之成人者何必然?见利思义,见危授命,久要不忘平生之言⑥,亦可以为成人矣。"

13.子问公叔文子于公明贾曰⑦:"信乎?夫子不言、不笑、不取乎?"公明贾对曰:"以告者过也⑧。夫子时然后言,人不厌其言;乐然后笑,人不厌其笑;义然后取,人不厌其取。"子曰:"其然?岂其然乎?"

14.子曰:"臧武仲以防求为后于鲁⑨,虽曰不要君⑩,吾不信也。"

15.子曰:"晋文公谲而不正⑪,齐桓公正而不谲。"

①彼哉:表示轻视,不值得一提。
②骈邑:齐国地名。
③没(mò)齿:没齿之年,即终身。
④老:古代对大夫家臣的称呼。 优:有馀。
⑤成人:完人,德才兼备的人。

⑥久要:长久贫困。要,通"约",贫困。
⑦公叔文子:卫国大夫。
⑧过:过分。
⑨防:地名。
⑩要:要挟。
⑪谲(jué):诡诈。

译文

9.有人问孔子子产是怎样的人。孔子说:"他是个宽厚的惠爱于民的人。"又问到子西,孔子说:"他呀,他呀!"又问到管仲,孔子说:"这个人,他夺走伯氏骈邑三百户的采地,使伯氏穷得只能吃粗粮,可是伯氏终身没有怨恨的话。"

10.孔子说:"贫穷而没有怨恨是难以做到的,富裕而不骄傲是容易做到的。"

11.孔子说:"孟公绰做赵氏、魏氏的家臣是有馀的,但却没有能力去做滕、薛这样小国的大夫。"

12.子路问怎样才是个完全的人。孔子说:"如果具有臧武仲的聪明、孟公绰的廉洁、卞庄子的勇敢、冉求的多才多艺,再用礼乐增加文采,这就可以说是个完美的人了。"孔子又说:"现在要成为完美的人何必一定要这样呢?只要看见财利便先想到义,遇到危难愿意舍出生命,长期贫困也不忘记往日的志向,这也就可以说是个完美的人了。"

13.孔子向公明贾问公叔文子,说:"听说他老先生不说话,不笑,不取财,这可信吗?"公明贾回答说:"这是传话的人说得过分了。他老先生该说时才说,别人不厌恶他的话;他高兴时才笑,别人不讨厌他的笑;该取财时才取,别人不厌恶他取。"孔子说:"是这样吗?难道真的是这样吗?"

14.孔子说:"臧武仲凭借防城而请求鲁国国君为他在鲁国立后代为大夫,虽然有人说他不是要挟君主,我是不肯相信的。"

15.孔子说:"晋文公诡诈而不正派,齐桓公正派而不诡诈。"

原文

16.子路曰:"桓公杀公子纠,召忽死之①,管仲不死。"曰:"未仁乎?"子曰:"桓公九合诸侯,不以兵车②,管仲之力也。如其仁,如其仁!"

17.子贡曰:"管仲非仁者与?桓公杀公子纠,不能死,又相之。"子曰:"管仲相桓公,霸诸侯,一匡天下,民到于今受其赐。微管仲③,吾其被发左衽矣④。岂若匹夫匹妇之为谅也⑤,自经于沟渎而莫之知也?"

18.公叔文子之臣大夫僎与文子同升诸公。子闻之,曰:"可以为'文'矣。"

19.子言卫灵公之无道也,康子曰:"夫如是,奚而不丧⑥?"孔子曰:

中国家庭基本藏书

"仲叔围治宾客,祝鲩治宗庙,王孙贾治军旅,夫如是,奚其丧?"

20.子曰:"其言之不怍⑦,则为之也难。"

①召忽:他与管仲同为公子纠的家臣、师傅。
②不以兵车:不用兵车,即不用武力。
③微:假若没有。
④被发左衽(rèn):当时少数民族的打扮。左衽,衣襟向左开。
⑤谅:遵守信用,这里指小信。
⑥奚而不丧:为什么不败亡。
⑦怍(zuò):惭愧。

16.子路说:"齐桓公杀了公子纠,召忽自杀殉节,但管仲却没有自杀。"接着又说:"管仲不能算是有仁德的人吧?"孔子说:"齐桓公多次召集各国诸侯会盟,不使用武力,这都是管仲的力量。这就是管仲的仁德,这就是管仲的仁德!"

17.子贡说:"管仲不是仁人吧?齐桓公杀了公子纠,他不但没有以身殉主,还去为相辅佐齐桓公。"孔子说:"管仲辅佐桓公,称霸诸侯,匡正了混乱的天下,老百姓直到今天还享受到他的好处。如果没有管仲,恐怕我们都会披散着头发,衣襟向左开了。难道他像老百姓那样遵守小信,在山沟里自杀,也没有人知道吗?"

18.公叔文子的家臣大夫僎,和文子一道做了国家的大臣。孔子听说这件事后,说:"这个人可以给他'文'的谥号了。"

19.孔子说到卫灵公的无道,季康子说:"像他这样无道,为什么还不败亡呢?"孔子说:"有仲叔围接待宾客,祝鲩主管祭祀,王孙贾统率军队。像这样用人,怎么会败亡呢?"

20.孔子说:"如果一个人大言不惭,那么,要实践他的话一定是很困难的。"

原文

21.陈成子弑简公。孔子沐浴而朝①,告于哀公曰:"陈恒弑其君,请讨之。"公曰:"告夫三子②!"孔子曰:"以吾从大夫之后,不敢不告也。君曰'告夫三子'者!"之三子告,不可。孔子曰:"以吾从大夫之后,不敢不告也。"

22.子路问事君。子曰:"勿欺也,而犯之③。"

23.子曰:"君子上达,小人下达。"

24.子曰:"古之学者为己,今之学者为人。"

25.蘧伯玉使人于孔子。孔子与之坐而问焉,曰:"夫子何为?"对曰:"夫子欲寡其过而未能也。"使者出。子曰:"使乎! 使乎! "

　　26.子曰:"不在其位,不谋其政。"曾子曰:"君子思不出其位。"

　　27.子曰:"君子耻其言而过其行。"

　　28.子曰:"君子道者三,我无能焉:仁者不忧,知者不惑,勇者不惧。"子贡曰:"夫子自道也④。"

　　29.子贡方人⑤。子曰:"赐也贤乎哉?夫我则不暇。"

　　30.子曰:"不患人之不己知,患其不能也。"

　　31.子曰:"不逆诈⑥,不亿不信⑦,抑亦先觉者,是贤乎! "

①沐浴而朝:洗澡斋戒后去上朝。
②三子:指鲁国的季孙、仲孙、孟孙三人。
③犯:触犯。要敢于直言进谏,不怕触犯。
④自道:自谦。
⑤方人:议论别人的长短。方,比方。
⑥不逆诈:不预先怀疑别人欺诈。
⑦不亿:不主观猜测。亿,同"臆"。

　　21.陈成子杀了齐简公。孔子洗澡斋戒后去见鲁哀公,报告说:"陈恒杀了他的君主,请出兵讨伐他。"哀公说:"你去告诉三位大夫吧! "孔子退出来说:"因为我曾经做过大夫,所以知道这件事不敢不来报告。而君主却说:'你去向三位大夫报告吧。'"孔子去向三位大夫报告,他们都不愿出兵。孔子说:"因为我曾经做过大夫,所以知道了这件事不敢不来报告。"

　　22.子路问怎样侍奉君主。孔子说:"不要欺骗他,但是为了进谏,可以触犯他。"

　　23.孔子说:"君子通晓仁义,小人通晓财利。"

　　24.孔子说:"古代学习的人是为了提高自己的学问,现在学习的人是为了装点门面给别人看。"

　　25.蘧伯玉派使者去问候孔子。孔子让他坐下,问道:"他老先生在干什么?"使者回答说:"他老先生很想减少自己的过错,却感到没有做到。"使者告辞而出。孔子称赞说:"好一位使者! 好一位使者! "

　　26.孔子说:"不在那个职位,就不要过问那方面的政事。"曾子说:"君子思考问题不超出自己的职务范围。"

　　27.孔子说:"君子认为说得多做得少是耻辱的。"

　　28.孔子说:"君子之道有三方面,我都没有做到:仁德的人不忧虑,智慧的人不迷惑,勇敢的人不惧怕。"子贡说:"这几句话正是老师的自谦罢了! "

　　29.子贡平时好议论别人的长短。孔子说:"赐呀! 你就那么好吗?我却没有这闲工夫。"

30.孔子说:"不担心别人不知道自己的本领,只担心自己没有本领。"

31.孔子说:"不预先怀疑别人欺诈,也不随便猜测别人不诚信,(但遇上欺诈的人)却能及早发觉,这样的人该是贤人吧!"

【原文】

32.微生亩谓孔子曰①:"丘,何为是栖栖者与②?无乃为佞乎?"孔子曰:"非敢为佞也③,疾固也。"

33.子曰:"骥,不称其力,称其德也。"

34.或曰:"以德报怨,何如?"子曰:"何以报德?以直报怨④,以德报德。"

35.子曰:"莫我知也夫⑤!"子贡曰:"何为其莫知子也?"子曰:"不怨天,不尤人⑥,下学而上达,知我者其天乎!"

36.公伯寮愬子路于季孙⑦。子服景伯以告⑧,曰:"夫子固有惑志于公伯寮,吾力犹能肆诸市朝⑨。"子曰:"道之将行也与,命也;道之将废也与,命也。公伯寮其如命何!"

37.子曰:"贤者辟世⑩,其次辟地,其次辟色,其次辟言。"子曰:"作者七人矣⑪。"

【注释】

①微生亩:人名,鲁国的隐士。
②栖(xī)栖:到处奔波不定。
③佞:能言善辩,卖弄口才。
④直:公而无私。
⑤莫我知:莫知我。没有人知道我。
⑥尤人:责怪人。
⑦愬:同"诉",诬谤。
⑧子服景伯:鲁国大夫。
⑨肆诸市朝:把尸体陈列到街市示众。
⑩辟:同"避"。
⑪作者:这样做的人。

【译文】

32.微生亩对孔子说:"你为什么到处奔波忙碌呢?莫非是卖弄你的口才吗?"孔子说:"不是卖弄口才,而是痛恨那些固执的人。"

33.孔子说:"不称赞好马的力气,而称赞它的品德。"

34.有人对孔子说:"用恩德来报答怨恨,怎么样?"孔子说:"那么用什么来报答恩德呢?应该用公而无私来报答怨恨,用恩德报答恩德。"

35.孔子说:"没有人知道我呀!"子贡说:"怎么没有人知道您呢?"孔子说:"我不怨天,不责备人,下学人事而上达天理,知道我的大概只有天吧!"

36.公伯寮在季孙那里说子路的坏话。子服景伯把这件事告诉孔子,说:"季孙氏已经被公伯寮迷惑住了,我的力量还能够杀掉公伯寮,把他的尸体陈列到街上示众。"孔子说:"我的主张能够实行,是天命;我的主张不能实行,也是天命。公伯寮能把天命怎么样?"

37.孔子说:"贤者首先是避开乱世而隐居,其次是避开乱地而隐居,其次是为避开别人难看的脸色而隐居,其次是为避开别人难听的话而隐居。"孔子又说:"这样做的人已经有七位了。"

38.子路宿于石门①。晨门曰②:"奚自③?"子路曰:"自孔氏。"曰:"是知其不可而为之者与?"

39.子击磬于卫,有荷蒉而过孔氏之门者④,曰:"有心哉,击磬乎!"既而曰:"鄙哉,硁硁乎⑤!莫己知也,斯已而已矣。'深则厉,浅则揭⑥。'"子曰:"果哉,末之难矣!"

40.子张曰:"《书》云:'高宗谅阴⑦,三年不言。'何谓也?"子曰:"何必高宗,古之人皆然。君薨⑧,百官总己以听于冢宰三年⑨。"

41.子曰:"上好礼,则民易使也。"

42.子路问君子。子曰:"修己以敬。"曰:"如斯而已乎?"曰:"修己以安人。"曰:"如斯而已乎?"曰:"修己以安百姓。修己以安百姓,尧舜其犹病诸?"

43.原壤夷俟⑩。子曰:"幼而不孙弟⑪,长而无述焉⑫,老而不死,是为贼⑬!"以杖叩其胫。

44.阙党童子将命⑭,或问之曰:"益者与?"子曰:"吾见其居于位也⑮,见其与先生并行也⑯。非求益者也,欲速成者也。"

①石门:鲁国都城的外门。
②晨门:早晨看守城门的人。
③奚自:即"自奚",从哪里来?

④荷蒉(kuì):担着草包。荷,担。蒉,草包。

⑤硁(kēng)硁:击磬声。

⑥深则厉,浅则揭:出自《诗经·邶风·匏有苦叶》。其意为:如果水深就穿着衣服走过去,如果水浅就撩起衣服走过去。

⑦高宗谅阴:商王武丁守孝。谅阴,古代天子守孝的名称。

⑧薨(hōng):古代诸侯之死称薨。

⑨冢宰:宰相。

⑩原壤夷俟:原壤伸着两条腿坐在地上等孔子。夷,屁股坐在地上,两腿斜伸出去。古人认为这种坐姿是一种轻慢无礼的表现。

⑪孙:同"逊"。

⑫无述:无可称述,没有作为。

⑬贼:害。

⑭阙党:地名。

⑮居于位:坐在成人应坐的位子上。

⑯与先生并行:与长辈并排行走。古礼,小孩只能随行。

38. 子路在石门住了一晚。第二天早上进城时,看守城门的人说:"你从哪里来?"子路回答说:"从孔子那里来。"看城门的人说:"就是那个知道自己的主张行不通偏要去推行的人吗?"

39.孔子在卫国,有一天正在敲磬,有个挑着草包的人从孔子门口经过,说:"听着这敲磬的声音,知道这个人心里有事。"过了一会儿又说:"这硁硁的敲磬声多么鄙陋啊!好像是表明没有人知道他,没有人知道就算了吧。(人生就好像蹚水)水深就穿着衣服走过去,水浅了就撩起衣服走过去。"孔子说:"说得好果断呀!如果像蹚水那样,就没有什么难的了。"

40.子张说:"《尚书》上说:'殷高宗守孝,三年不谈论政事。'这是什么意思?"孔子说:"不仅高宗这样,古人都是这样。先君死了,三年之内嗣君不问政事,这期间百官都听命于宰相。"

41.孔子说:"在上位的人好礼,那么百姓就容易役使了。"

42.子路问怎样才算是君子。孔子说:"以严肃认真的态度修养自己。"子路又问:"这样就够了吗?"孔子说:"修养自己,使别人安乐。"子路问:"像这样就够了吗?"孔子说:"修养自己,使全体百姓安乐。修养自己,使全体百姓安乐,尧舜尚且担心做不到呢!"

43.原壤伸着两腿坐在地上等孔子。孔子看到他这副不恭的样子,说道:"你小时候不讲孝悌,长大了无所作为,老了还不去死,真是个害人的家伙!"说完就用拐杖打原壤的小腿。

44.阙党的一个童子来向孔子传话。有人问孔子:"这个童子是要求上进的吗?"孔子说:"我见他坐在成年人的位子上,又看见他与年长者并行。这不是个要求上进的童子,是个急于求成的孩子。"

◎卫灵公第十五(共四十二章)

题解

　　本篇继续阐述孔子的政治思想。孔子强调在道德修养方面要言忠信,行笃敬,己所不欲,勿施于人。在教育方面力求做到本末、内外不失。

原文

　　1.卫灵公问陈于孔子①,孔子对曰:"俎豆之事②,则尝闻之矣;军旅之事,未之学也。"明日遂行。

　　2.在陈绝粮,从者病,莫能兴③。子路愠见,曰:"君子亦有穷乎?"子曰:"君子固穷④,小人穷斯滥矣⑤。"

　　3.子曰:"赐也,女以予为多学而识之者与?"对曰:"然。非与?"曰:"非也。予一以贯之。"

　　4.子曰:"由,知德者鲜矣。"

　　5.子曰:"无为而治者其舜也与!夫何为哉?恭己正南面而已矣⑥。"

　　6.子张问行。子曰:"言忠信,行笃敬,虽蛮貊之邦⑦,行矣。言不忠信,行不笃敬,虽州里,行乎哉?立则见其参于前也⑧,在舆则见其倚于衡也⑨,夫然后行。"子张书诸绅⑩。

　　7.子曰:"直哉史鱼⑪!邦有道,如矢;邦无道,如矢。君子哉蘧伯玉!邦有道,则仕;邦无道,则可卷而怀之⑫。"

　　8.子曰:"可与言而不与之言,失人;不可与言而与之言,失言。知者不失人,亦不失言。"

　　9.子曰:"志士仁人,无求生以害仁,有杀身以成仁。"

　　10.子贡问为仁。子曰:"工欲善其事,必先利其器。居是邦也,事其大夫之贤者,友其士之仁者。"

①陈:同"阵"。
②俎(zǔ)豆之事:礼仪之事。俎和豆都是古代举行礼仪时用的器皿。
③莫能兴:不能起身。兴,起来。
④固:安守。

⑤滥:越轨,胡作非为。
⑥南面:脸朝南而坐。古代礼法,王位是坐北朝南。
⑦蛮貊:古代对边远地区民族的称呼。
⑧参:立在前面。
⑨倚于衡:靠在车前的横木上。衡,车前的横木。
⑩绅:腰间的衣带。
⑪史鱼:卫国的大夫。他临死时,让儿子在其死后用尸谏的办法劝告卫灵公要任用贤臣蘧伯玉。
⑫卷而怀之:隐居。卷、怀,把自己的主张收起来。

【译文】

1.卫灵公向孔子问行军布阵的方法。孔子回答说:"礼仪方面的事,我是知道的;行军打仗之类的事,我没有学过。"第二天,孔子便离开了卫国。

2.孔子在陈国断了粮食,跟随他的学生都饿病了,爬不起来。子路满脸不高兴地来见孔子说:"君子也有穷困的时候吗?"孔子说:"君子能安守穷困,小人穷困时就会胡作非为。"

3.孔子说:"赐呀!你以为我是博学强记的人吗?"子贡回答说:"对呀,难道不是这样吗?"孔子说:"不是的,我是用一个基本观点把它们贯穿起来的。"

4.孔子说:"仲由!懂得德的人太少了。"

5.孔子说:"能够没有作为而天下自然太平的人大概只有舜吧。他做了些什么呢?他好像只是庄严端正地坐在帝王的位子上。"

6.子张问一个人的主张如何才行得通。孔子说:"说话要讲忠诚守信,行为敦厚恭敬,即使在蛮貊之地,也行得通。说话不忠信,行为不笃敬,即使在自己的家乡,难道能行得通吗?站着的时候,忠信笃敬几个字就好像立在眼前;乘车的时候,就好像靠在车前的横木上。这样,自己的主张才能行得通。"子张把这些话写在自己腰间的大带子上。

7.孔子说:"正直呀,史鱼!国家太平时,他像箭一样直;国家危乱时,他也像箭一样直。蘧伯玉真是一个君子呀!国家太平时,就出来做官;国家危乱时,就隐居起来。"

8.孔子说:"可以和他谈论却没有谈论,这就是错过人才;不可以和他谈论却和他谈论,就是说错了话。聪明人不会错过人才,也不会说错话。"

9.孔子说:"志士仁人,不会苟且偷生而干出有损仁义之事,而是宁肯牺牲自己以实现仁义。"

10.子贡问如何实行仁德。孔子说:"做工的人要想把活干好,必须先把工具搞好。住在一个国家,就要尊敬大夫中有贤德的人,和士中有仁德的人交朋友。"

11.颜渊问为邦。子曰:"行夏之时①,乘殷之辂②,服周之冕,乐则《韶》

《舞》。放郑声③,远佞人。郑声淫,佞人殆。"

12.子曰:"人无远虑,必有近忧。"

13.子曰:"已矣乎! 吾未见好德如好色者也。"

14.子曰:"臧文仲其窃位者与! 知柳下惠之贤而不与立也。"

15.子曰:"躬自厚而薄责于人,则远怨矣。"

16.子曰:"不曰'如之何,如之何'者④,吾末如之何也已矣。"

17.子曰:"群居终日,言不及义,好行小慧,难矣哉! "

18.子曰:"君子义以为质,礼以行之,孙以出之,信以成之。君子哉! "

19.子曰:"君子病无能焉,不病人之不己知也。"

20.子曰:"君子疾没世而名不称焉⑤。"

21.子曰:"君子求诸己,小人求诸人。"

22.子曰:"君子矜而不争⑥,群而不党。"

23.子曰:"君子不以言举人,不以人废言。"

24.子贡问曰:"有一言而可以终身行之者乎?"子曰:"其恕乎! 己所不欲,勿施于人。"

25.子曰:"吾之于人也,谁毁谁誉⑦?如有所誉者,其有所试矣。斯民也⑧,三代之所以直道而行也。"

①时:历法。
②辂(lù):车子。
③放:禁止、排斥。
④不曰"如之何,如之何":不说"怎么办,怎么办"。这里指遇事不愿多思考。
⑤疾:怕、恨。 没世:死后。
⑥矜(jīn):庄重,矜持。
⑦毁:诋毁。
⑧斯民:百姓都如此。

11.颜渊问如何治理国家。孔子说:"用夏代的历法,坐殷代的车子,戴周代的帽子,音乐就演奏《韶》乐和《舞》乐(即《武》乐)。禁绝郑国的乐曲,远离小人。郑国的乐曲淫秽,小人危险。"

12.孔子说:"人如果没有长远的考虑,一定会有近在眼前的忧患。"

中国家庭基本藏书

13.孔子说："完了,我从来没有见过像喜欢美色那样喜欢美德的人。"

14.孔子说："臧文仲大概是个窃居官位的人吧,他明知柳下惠是个贤人,却不给他官做。"

15.孔子说："多责备自己,少责备别人,这样做就不会招人怨恨了。"

16.孔子说："不说'怎么办,怎么办'的人,我对他也不知该怎么办。"

17.孔子说："整天和大家在一起,说的话没有一句合乎义理,只喜欢卖弄小聪明,这种人实在难于造就。"

18.孔子说："君子做事以义为根本,用礼法来实行义,用谦逊的言辞来表达义,用诚信的态度来完成义。这就是君子啊!"

19.孔子说："君子只怕自己没有本领,不担心别人不知道自己。"

20.孔子说："君子就怕死后没有好名声被人称颂。"

21.孔子说："君子一切靠自己,小人则依靠别人。"

22.孔子说："君子庄重矜持而不与别人争执,合群而不结党营私。"

23.孔子说："君子不因为某些人讲一两句好话就提拔他,也不因为某些人有错误就不采纳他的好建议。"

24.子贡问:"有一个字是可以终身奉行的吗?"孔子说:"那大概是'恕'吧!自己不愿做的事,就不要强加给别人。"

25.孔子说："我对于别人,诋毁过谁?赞誉过谁?如果我有所赞誉,必定是经过考虑的。夏、商、周三代的百姓都是这样的,所以三代能做到善善恶恶,无所私曲。"

【原文】

26.子曰:"吾犹及史之阙文也,有马者借人乘之①。今亡矣夫!"

27.子曰:"巧言乱德。小不忍,则乱大谋。"

28.子曰:"众恶之,必察焉;众好之,必察焉。"

29.子曰:"人能弘道,非道弘人。"

30.子曰:"过而不改,是谓过矣。"

31.子曰:"吾尝终日不食,终夜不寝,以思,无益,不如学也。"

32.子曰:"君子谋道不谋食。耕也,馁在其中矣;学也,禄在其中矣。君子忧道不忧贫。"

33.子曰:"知及之,仁不能守之,虽得之,必失之。知及之,仁能守之,不庄以莅之,则民不敬。知及之,仁能守之,庄以莅之,动之不以礼,未善也。"

34.子曰:"君子不可小知而可大受也,小人不可大受而可小知也。"

35.子曰:"民之于仁也,甚于水火。水火,吾见蹈而死者矣,未见蹈仁而死者也。"

36.子曰:"当仁,不让于师。"

37.子曰:"君子贞而不谅②。"

38.子曰:"事君,敬其事而后其食。"

39.子曰:"有教无类。"

40.子曰:"道不同,不相为谋。"

41.子曰:"辞达而已矣。"

42.师冕见③。及阶,子曰:"阶也。"及席,子曰:"席也。"皆坐,子告之曰:"某在斯,某在斯。"师冕出,子张问曰:"与师言之道与?"子曰:"然,固相师之道也④。"

①有学者认为"有马者借人乘之"为衍文。
②贞而不谅:坚守正道,不必讲小信。贞,正。谅,小信。
③师冕:名叫冕的乐师。
④相:帮助。

译文

26.孔子说:"我还能够看到史书存疑的地方。有马的人把马借给别人骑,今天没有这种人了!"

27.孔子说:"花言巧语会败坏道德。在小事情上不能忍耐,就会坏了大事。"

28.孔子说:"大家都厌恶某个人,那一定要考察一下具体原因;大家都喜欢某个人,那也一定要考察一下具体原因。"

29.孔子说:"人能够弘扬道,不是道能够弘扬人。"

30.孔子说:"有了过错不改正,这个过错就是真的过错。"

31.孔子说:"我曾经整天不吃饭,整夜不睡觉,去思考,结果没有什么好处,不如去学习。"

32.孔子说:"君子用心谋求道,而不谋求食物。就是去耕田,也免不了饿肚子;学习知识,则会做官获得俸禄。君子只担心是否能得到道,而不担心贫穷。"

33.孔子说:"用智慧可以获得官位,如果不能用仁德保持它,就算是得到了,也一定会失去。用智慧获得官位,并用仁德保持它,如果不能用认真的态度来行使自己的职责,那百姓也不会敬服。用智慧获得官位,用仁德保持它,用认真的态度来行使自己的职责,如果不能用合乎礼仪的方法去行动,也不能算完善。"

34.孔子说:"对于君子,不可让他只做小事,可以让他接受重大任务。对于小人,不可让他接受重大任务,可以让他做小事。"

35.孔子说:"老百姓需要仁德,比需要水火更为迫切。我看见过因蹈水火而淹死烧死的,却没有看见过实践仁德而死的。"

36.孔子说:"面对合乎仁义之事时,就是老师,也不必谦让。"

37.孔子说:"君子坚守正道,而不讲小信。"

38.孔子说:"侍奉君主,要认真地尽好自己的职责,而把俸禄之事放在后头。"

39.孔子说:"无论哪一类人,都要给他以教育。"

40.孔子说:"追求目标不相同的人,就不必在一块商量事情。"

41.孔子说:"言辞足以表达意思就可以了。"

42.师冕来见孔子,走到阶前,孔子告诉他说:"这是台阶。"走到坐席前,孔子又说:"这是坐席。"等大家都坐定,孔子告诉他:"某人在这里,某人在这里。"师冕出去后,子张问道:"这是和盲人说话的方式吗?"孔子说:"是的,这本来就是帮助盲人的方式。"

◎ 季氏第十六（共十四章）

本篇进一步阐述了孔子的政治思想和教育思想。

原文

1.季氏将伐颛臾①。冉有、季路见于孔子曰："季氏将有事于颛臾。"孔子曰："求！无乃尔是过与？夫颛臾，昔者先王以为东蒙主②，且在邦域之中矣，是社稷之臣也。何以伐为？"冉有曰："夫子欲之③，吾二臣者皆不欲也。"孔子曰："求！周任有言曰：'陈力就列④，不能者止。'危而不持，颠而不扶，则将焉用彼相矣⑤？且尔言过矣，虎兕出于柙⑥，龟玉毁于椟中⑦，是谁之过与？"冉有曰："今夫颛臾，固而近于费，今不取，后世必为子孙忧。"孔子曰："求，君子疾夫舍曰欲之而必为之辞。丘也闻有国有家者，不患寡而患不均，不患贫而患不安。盖均无贫，和无寡⑧，安无倾。夫如是，故远人不服，则修文德以来之。既来之，则安之。今由与求也，相夫子，远人不服而不能来也，邦分崩离析而不能守也，而谋动干戈于邦内。吾恐季孙之忧不在颛臾，而在萧墙之内也⑨。"

①颛臾（zhuānyú）：鲁国的附属国。
②东蒙主：主祭东蒙山。
③夫子：指季康子。
④陈力就列：能够施展自己的才力，就担任职务。陈力，施展才力。就列，担任职务。
⑤相：助手。
⑥虎兕（sì）出于柙（xiá）：老虎和犀牛从笼子里出来。兕，犀牛。柙，笼子。
⑦椟（dú）：匣子。
⑧和无寡：境内和平了就不会感到人少。
⑨萧墙：宫殿当门的小墙。古代臣子进见国君，至此而肃然起敬，故称"萧墙"。"萧"、"肃"古代通用。

1.季氏准备讨伐颛臾，冉有和季路去见孔子说："季氏准备讨伐颛臾。"孔子说："冉求，这难道不是你的过错吗？颛臾，从前周王让他主持东蒙山的祭祀，而他已在鲁国的疆域之内，是我们鲁国的臣属，为什么要讨伐他呢？"冉有说："季康子想讨伐他,我们两人都不想讨伐。"孔子说:"冉有,周任曾说过:'能够尽力施展自己的才力,就担任职务。如果不能尽力,就应该辞职。'如果一个盲人遇到危险,他的助手不去帮他;要跌倒时,他的助手不去搀扶他,那么要这样的助手有什么用呢?况且你的话错了,老虎和犀牛从笼子里逃出来,龟甲、宝玉毁在匣子里,这是谁的过错呢?"冉有说:"颛臾的城墙坚固,而且离季氏的采邑城很近。现在不夺取它,定会给后代子孙留下祸患。"孔子说:"冉求!君子最讨厌那种不说出自己的欲望,而要另找借口的人。我听说,对于拥有国和家的诸侯、大夫,不愁贫穷,而是发愁财富分配不均;不愁人民太少,而愁境内不安。如果财富分配均匀,就没有贫穷;境内和平了,就不会感到人少;社会安定了,国家就没有倾覆的危险。如果这样,远方的人还不归服,再以文化道德来招徕他们。他们既然来了,就要想办法安置他们。现在仲由和冉求辅佐季康子,远方的人不肯归服,却不能招徕他们;国家分崩离析,却不能保全;反而想在国内大动干戈。我担心季氏的忧患不在颛臾,而在自己的内部。"

原文

2.孔子曰:"天下有道,则礼乐征伐自天子出;天下无道,则礼乐征伐自诸侯出。自诸侯出,盖十世希不失矣;自大夫出,五世希不失矣;陪臣执国命,三世希不失矣。天下有道,则政不在大夫;天下有道,则庶人不议。"

3.孔子曰:"禄之去公室五世矣①,政逮于大夫四世矣,故夫三桓之子孙微矣②。"

4.孔子曰:"益者三友,损者三友。友直,友谅,友多闻,益矣;友便辟③,友善柔④,友便佞⑤,损矣。"

5.孔子曰:"益者三乐⑥,损者三乐。乐节礼乐⑦,乐道人之善,乐多贤友,益矣;乐骄乐,乐佚游⑧,乐晏乐,损矣。"

6.孔子曰:"侍于君子有三愆⑨:言未及之而言谓之躁,言及之而不言谓之隐,未见颜色而言谓之瞽⑩。"

7.孔子曰:"君子有三戒:少之时,血气未定,戒之在色;及其壮也,血气方刚,戒之在斗;及其老也,血气既衰,戒之在得。"

8.孔子曰:"君子有三畏:畏天命,畏大人,畏圣人之言。小人不知天命而不畏也,狎大人⑪,侮圣人之言。"

9.孔子曰:"生而知之者上也;学而知之者次也;困而学之,又其次也;困而不学,民斯为下矣。"

10.孔子曰："君子有九思:视思明,听思聪,色思温,貌思恭,言思忠,事思敬,疑思问,忿思难,见得思义。"

①禄:爵禄。这里指国家政权。

②三桓:指仲孙、叔孙、季孙三家,他们都是鲁桓公的后代。

③便辟(piánpì):歪门邪道。

④善柔:当面一套,背后一套。

⑤便佞:花言巧语。

⑥乐:喜好。

⑦节礼乐:调节适度的礼乐。

⑧佚游:闲游。佚,闲逸。

⑨愆(qiān):过失。

⑩瞽(gǔ):盲人。这里比喻不能察言观色。

⑪狎(xiá):轻慢,不尊重。

2.孔子说:"天下太平,礼乐的制作和出兵作战的决定权都在天子手中;天下乱离,礼乐的制作和出兵作战的决定权都在诸侯手中。由诸侯做出决定的,大概不会持续十代;由大夫做出决定的,大概不会持续五代;由大夫的家臣做决定的,大概不会持续三代。天下太平,国家的大权就不会落在大夫手中。天下太平,百姓就不会议论纷纷。"

3.孔子说:"国家政权离开鲁君已经五代了,政权落到大夫手里已经四代了,所以桓公的子孙现在也衰微了。"

4.孔子说:"有益的朋友有三种,有害的朋友也有三种。与为人正直的人交朋友,与诚实的人交朋友,与见识多的人交朋友,是有益处的。同惯于搞歪门邪道的人交朋友,同两面三刀的人交朋友,同惯于花言巧语的人交朋友,是有害的。"

5.孔子说:"有益的喜好有三种,有害的喜好也有三种。喜好调节适度的礼乐,喜好讲别人的优点,喜好广交良友,是有益处的。喜好骄奢放肆,喜好闲游浪荡,喜好过度的宴饮,是有害处的。"

6.孔子说:"侍奉君子容易有三种过失:不到该说的时候,却抢先说了,这叫做急躁;到该说的时候,却不说,这叫做隐瞒;不察言观色,不管该说不该说,就乱说一通,这叫做没有眼色。"

7.孔子说:"君子有三件事情应当警戒:年轻的时候,血气不成熟,切忌贪恋女色;到了壮年时,血气正旺盛,切忌争强好斗;到年老时,血气已经衰弱,切忌贪得无厌。"

8.孔子说:"君子有三种畏惧:畏惧天命,畏惧地位高的人,畏惧圣人之言。小人不懂天命,因而不知道畏惧,轻慢地位高的人,蔑视圣人的话。"

9.孔子说:"生来就知道的,是上等;经过学习而知道的,是次一等的;遇到困难才学习的,是再次一等的;遇到困难而不学习的,这样的人是最下等的了。"

10.孔子说:"君子有九个方面的考虑:看,考虑看明白了没有;听,考虑听清楚了没有;脸色,考虑是否温和;态度,考虑是否恭敬;说话,考虑是否忠诚;做事,考虑是否认真;有疑问,考虑是否请教别人;要发怒时,考虑引起的后患;看见财和利,考虑是否合乎义理。"

原文

11.孔子曰:"见善如不及,见不善如探汤①,吾见其人矣,吾闻其语矣。隐居以求其志,行义以达其道②,吾闻其语矣,未见其人也。"

12.齐景公有马千驷,死之日,民无德而称焉。伯夷、叔齐饿于首阳之下,民到于今称之。"诚不以富,亦只以异③。"其斯之谓与!

13.陈亢问于伯鱼曰④:"子亦有异闻乎?"对曰:"未也。尝独立,鲤趋而过庭,曰:'学《诗》乎?'对曰:'未也。''不学《诗》,无以言。'鲤退而学《诗》。他日,又独立,鲤趋而过庭,曰:'学《礼》乎?'对曰:'未也。''不学《礼》,无以立。'鲤退而学《礼》。闻斯二者。"陈亢退而喜曰:"问一得三,闻《诗》,闻《礼》,又闻君子之远其子也。"

14.邦君之妻,君称之曰夫人,夫人自称曰小童;邦人称之曰君夫人,称诸异邦曰寡小君;异邦人称之亦曰君夫人。

注释

①探汤:手伸进开水中。汤,开水。
②达其道:贯彻自己的主张。达,贯彻。
③诚不以富,亦只以异:引自《诗经·小雅·我行其野》。
④陈亢(gāng):孔子的学生。 伯鱼:孔子的儿子孔鲤,字伯鱼。

译文

11.孔子说:"看见善良的,就努力追求,好像赶不上似的;看见邪恶的,就尽快躲开,好像把手伸到开水里一样。我见过这种人,我听过这种话。隐居起来以保持自己的志向,出来做官是为了贯彻自己的主张。我听过这样的话,却没有看见过这样的人。"

12.齐景公有四千匹马,到死的时候,老百姓却不觉得他有什么好的德行可以称颂。伯夷、叔齐饿死在首阳山下,老百姓到今天还在称颂他们。"实在不是因为他富有,也只因为他们的品德高于常人。"说的就是这个意思吧?

13.陈亢问伯鱼:"你在老师那里听到过什么特别的教导吗?"伯鱼说:"没有。有一天,他一个人站在那里,我快步从庭院经过。他问:'学过《诗经》吗?'我说:'没有。'他说:'不学《诗经》,就不会说话。'我回去后,就去学习《诗经》。又有一天,他又一个人站在那里,我快步从庭院走过。他问:'学过《礼经》吗?'我说:'没有。'他说:'不学《礼经》,就无法在社会上立足。'我回去后就去学《礼经》。我听到的就这两件事。"陈亢回去后高兴地说:"我问了一件事,却知道了三件事:知道了学习《诗经》的意义,知道了学习《礼经》的好处,又知道了君子对自己的儿子并不特别偏向。"

14.国君的妻子,国君称她为夫人,她自称为小童;国内的人称她为君夫人,在其他国家的人面前称她为寡小君;其他国家的人也称她为君夫人。

◎阳货第十七（共二十六章）

题解

本篇主要阐述了孔子在自然观、人性论和伦理道德方面的思想。

原文

1.阳货欲见孔子，孔子不见，归孔子豚①。孔子时其亡也②，而往拜之，遇诸途。谓孔子曰："来！予与尔言。"曰："怀其宝而迷其邦，可谓'仁'乎?"曰："不可。""好从事而亟失时，可谓'知'乎?"曰："不可。""日月逝矣，岁不我与。"孔子曰："诺；吾将仕矣。"

2.子曰："性相近也，习相远也。"

3.子曰："唯上知与下愚不移。"

4.子之武城，闻弦歌之声。夫子莞尔而笑，曰："割鸡焉用牛刀?"子游对曰："昔者偃也闻诸夫子曰：'君子学道则爱人，小人学道则易使也。'"子曰："二三子，偃之言是也。前言戏之耳。"

5.公山弗扰以费畔③，召，子欲往。子路不说，曰："末之也已④，何必公山氏之之也?"子曰："夫召我者，而岂徒哉?如有用我者，吾其为东周乎?"

6. 子张问仁于孔子。孔子曰："能行五者于天下为仁矣。""请问之。"曰："恭，宽，信，敏，惠。恭则不侮，宽则得众，信则人任焉，敏则有功，惠则足以使人。"

7.佛肸召⑤，子欲往。子路曰："昔者由也闻诸夫子曰：'亲于其身为不善者，君子不入也。'佛肸以中牟畔，子之往也，如之何?"子曰："然，有是言也。不曰坚乎?磨而不磷⑥；不曰白乎?涅而不缁⑦。吾岂匏瓜也哉⑧?焉能系而不食?"

注释

①归孔子豚：送给孔子一个蒸熟的小猪。归，同"馈"，赠送。古礼，大夫赠东西给士，士如果不在家当面接受，就必须亲往大夫家拜谢。阳货用此办法想让孔子去见他。

②亡：不在家。

③公山弗扰：季氏的家臣。

④末之也已:没有可去的地方就算了。
⑤佛肸(bìxī):晋国大夫范中行的家臣。
⑥磷:薄。
⑦涅而不缁:染而不黑。涅,黑色染料。缁,黑色。
⑧匏(páo)瓜:葫芦的一种。

译文

1.阳货想让孔子拜见他,孔子不去,他就送给孔子一只蒸熟的小猪。孔子趁阳货不在家时,前去拜谢。不料两人在路上碰见了。阳货叫住孔子说:"来!我有话跟你说。"(孔子走过去。)阳货说:"自己有可贵的才能,却听任国家迷乱,这能叫做仁吗?"孔子说:"不能。"阳货又说:"喜欢做官,却多次错过机会,这能叫做聪明吗?"孔子说:"不能。"阳货说:"时光去而不复返,岁月不等人。"孔子说:"好吧!我要出去做官了。"

2.孔子说:"人的天性本来是相近的,只因为受不同环境的影响,便相差甚远。"

3.孔子说:"只有聪明的上等人和愚笨的下等人是不可改变的。"

4.孔子到了武城,听到了弹琴唱歌的声音。孔子微笑着说:"杀鸡何必用宰牛的刀呢?"子游回答说:"从前我听老师您讲过:'君子学习了道就能惠爱百姓,百姓学习了道就容易役使了。'"孔子说:"学生们,言偃的话是正确的,我刚才的话不过是开玩笑罢了。"

5.公山弗扰在费邑发动叛乱,叫孔子去,孔子准备前往。子路不高兴,说:"没有去的地方就算了,何必要到公山氏那里去呢?"孔子说:"那叫我去的人,难道会让我白去吗?如果他要用我,我将要在东方复兴周王之道。"

6.子张问孔子怎样做才叫仁。孔子说:"能够在天下实行五种品德便是仁。"子张问是哪五种,孔子说:"这五种品德就是恭、宽、信、敏、惠。态度恭敬就不会受到侮辱;待人宽厚就会得到大众拥护;讲究诚信就能够得到别人的任用;办事勤快就能够取得成功;施行恩惠就能更好地指挥别人。"

7.佛肸召孔子去,孔子准备前往。子路说:"过去我曾听老师说过:'亲身做坏事的人那里,君子是不去的。'佛肸占据中牟,发动叛乱,你却要去,这是为什么呢?"孔子说:"是的,我讲过这样的话,但不是说极坚硬的东西是磨不薄的吗?极洁白的东西是染不黑的吗?我难道是个葫芦吗?只能挂着不让人吃吗?"

原文

8.子曰:"由也!女闻六言六蔽矣乎?"对曰:"未也。""居!吾语女:好仁不好学,其蔽也愚①;好知不好学,其蔽也荡;好信不好学,其蔽也贼②;好直不好学,其蔽也绞③;好勇不好学,其蔽也乱;好刚不好学,其蔽也狂。"

9.子曰："小子何莫学夫《诗》?《诗》,可以兴,可以观,可以群,可以怨。迩之事父,远之事君;多识于鸟兽草木之名。"

10.子谓伯鱼曰："女为《周南》、《召南》矣乎?人而不为《周南》、《召南》,其犹正墙面而立也与?"

11.子曰："礼云礼云,玉帛云乎哉?乐云乐云,钟鼓云乎哉?"

12.子曰："色厉而内荏,譬诸小人,其犹穿窬之盗也与④?"

13.子曰："乡愿⑤,德之贼也。"

14.子曰："道听而途说,德之弃也。"

15.子曰："鄙夫可与事君也与哉?其未得之也,患得之。既得之,患失之。苟患失之,无所不至矣。"

16.子曰："古者民有三疾⑥,今也或是之亡也。古之狂也肆,今之狂也荡;古之矜也廉⑦,今之矜也忿戾⑧;古之愚也直,今之愚也诈而已矣。"

17.子曰："巧言令色,鲜矣仁。"

18.子曰："恶紫之夺朱也⑨,恶郑声之乱雅乐也,恶利口之覆邦家者。"

19.子曰："予欲无言。"子贡曰："子如不言,则小子何述焉?"子曰:"天何言哉?四时行焉,百物生焉,天何言哉?"

20.孺悲欲见孔子⑩,孔子辞以疾。将命者出户,取瑟而歌,使之闻之。

 注释

①蔽:通"弊"。弊病,害处。

②贼:伤害。

③绞:说话尖刻。

④穿窬:挖洞。

⑤乡愿:不分是非、言行不一、欺世盗名的人。

⑥疾:缺点,毛病。

⑦矜也廉:骄傲而不可触犯。廉,本义指器物的棱角,引申为不可触犯。

⑧忿戾:蛮横无理。

⑨恶紫之夺朱:厌恶用紫色取代红色。朱,红色。

⑩孺悲:鲁国人,曾向孔子学习丧礼。

 译文

8.孔子说:"仲由,你听过六种品德便有六种弊病吗?"子路回答说:"没有。"孔子说:"坐下!我告诉你。喜好仁德却不喜好学习,其弊病是容易被人愚弄;喜好聪明却不喜好学习,其弊病便是放荡;喜好诚实却不喜好学习,其弊病便是伤害自己;喜好直率却不喜欢学习,其弊病便是说话尖刻;喜好勇敢却不喜好学习,其弊病便是叛乱;喜好刚强却不喜好学习,其弊病便是轻率狂妄。"

9.孔子说:"学生们为什么不学习《诗经》呢?学习《诗经》,可以激发人的意志和感情,可以提高观察力,可以培养合群性,可以抒发心中的怨恨。近,可以学到侍奉父母的道理;远,可以学到侍奉君主的道理;还可以多认识一些鸟兽草木的名称。"

10.孔子对伯鱼说:"你学过《周南》、《召南》了吗?人如果不学《周南》、《召南》,就好像面对墙壁站着!"

11.孔子说:"礼呀礼呀,难道只是指玉帛之类的礼器吗?乐呀乐呀,难道只是指钟鼓之类的乐器吗?"

12.孔子说:"有的人外表严厉而内心虚弱,如果用小人作比喻,大概就像个挖洞爬墙的小偷吧!"

13.孔子说:"不分是非随处讨好的人,是道德的大害。"

14.孔子说:"道听途说,从道德上来讲,这是应该抛弃的。"

15.孔子说:"卑鄙庸俗的人能与他一块侍奉君主吗?他没有得到官职的时候,惟恐得不到。得到官职的时候,总怕失掉官职。如果害怕失掉官职,他就什么事都做得出来。"

16. 孔子说:"古代的老百姓有三种毛病,现在的人或许连这三种毛病都没有了。古代狂妄的人不过是放肆、不拘小节,现在狂妄的人则放荡越礼;古代骄傲的人不过是持守很严,显得不可触犯,现在骄傲的人则蛮横无理;古代愚笨的人不过是头脑简单、直率,现在愚笨的人则只有欺诈而已。"

17.孔子说:"花言巧语,装出一副和善的脸色,这种人是很少有仁德的。"

18. 孔子说:"我厌恶用紫色取代红色,厌恶用郑国的靡靡之音扰乱正统的雅乐,厌恶那花言巧语、颠倒是非、致使国家倾覆的人。"

19.孔子说:"我不想再说话了。"子贡说:"您如果不说话,那我们学生还传述什么呢?"孔子说:"天说了什么呢?一年四季照样运行,百物照样生长,天说了什么呢?"

20.孺悲想见孔子,孔子以有病推辞不见。当传话的人走出房门,孔子取出琴来弹唱,故意让孺悲听到。

原文

21.宰我问:"三年之丧,期已久矣。君子三年不为礼,礼必坏;三年不为乐,乐必崩。旧谷既没,新谷既升,钻燧改火①,期可已矣。"子曰:"食夫稻,衣夫锦,于女安乎?"曰:"安。""女安,则为之!夫君子之居丧,食旨不甘,闻乐不乐,居处不安,故不为也。今女安,则为之!"宰我出。子曰:"予之不仁也!子生三年,然后免于父母之怀。夫三年之丧,天下之通丧也,予也有三年之爱于其父母乎!"

22.子曰:"饱食终日,无所用心,难矣哉! 不有博弈者乎②?为之,犹贤乎已③。"

23.子路曰:"君子尚勇乎?"子曰:"君子义以为上。君子有勇而无义为乱,小人有勇而无义为盗。"

24.子贡曰:"君子亦有恶乎?"子曰:"有恶:恶称人之恶者,恶居下流而讪上者④,恶勇而无礼者,恶果敢而窒者⑤。"曰:"赐也亦有恶乎?""恶徼以为知者⑥,恶不孙以为勇者,恶讦以为直者⑦。"

25.子曰:"唯女子与小人为难养也,近之则不孙,远之则怨。"

26.子曰:"年四十而见恶焉,其终也已。"

①钻燧改火:指过了一年。燧,木燧,古代钻木取火的工具。改火,古人钻木取火所用的木料四季不同,叫改火。

②博弈:博,古代的一种游戏。弈,下棋。

③犹贤乎已:比什么都不干好。已,止,什么都不干。

④讪:毁谤。

⑤窒(zhì):不通。

⑥徼:抄袭。

⑦讦(jié):攻击别人的短处。

21.宰我说:"父母死后,子女守孝三年,时间太长了。君子三年不讲习礼仪,礼仪一定会败坏;三年不演奏音乐,音乐一定会生疏。陈谷子已经吃完,新谷子已经上场,取火用的木料也都轮了一遍,守孝一年也就可以了。"孔子说:"在父母的丧期内,吃白米饭,穿锦缎衣服,你心安吗?"宰我说:"我心安。"孔子说:"你心安,就这样做吧!君子居丧守孝,吃美味不觉香甜,听音乐不觉快乐,住在家中也不觉得舒服,所以不那么做。现在你觉得心安,就去那么做吧!"宰我退了出来。孔子说:"宰我真是不仁呀!儿女出生三年,才能脱离父母的怀抱。父母死后,守孝三年,这是天下一致的做法。宰我难道没有从他父母那里获得三年的关爱吗?"

22.孔子说:"整天吃得饱饱的,没有一件事肯用心,这种人真是难办呀! 不是有博戏、下棋的游戏吗?干这些事,也比什么都不干好。"

23.子路问:"君子崇尚勇敢吗?"孔子说:"君子认为义是最重要的。君子如果有勇而无义,就会犯上作乱;小人有勇而无义,就会成为强盗。"

24.子贡问:"君子也有所厌恶吗?"孔子说:"有厌恶。厌恶传播别人短处的人,厌恶身居下位而诽谤上位的人,厌恶勇敢而无礼的人,厌恶果敢而固执不通事理的人。"孔子又说:"赐呀,你也有厌恶的吗?"子贡说:"我厌恶抄袭别人成果却自以为聪明的人,厌恶不谦逊却自以为勇敢的人,厌恶攻击别人短处却自以为正直的人。"

25.孔子说:"只有女人和小人最难相处,亲近了,他们就会放肆无礼;疏远了,他们就会怨恨。"

26.孔子说:"人活到四十岁还被别人厌恶,他这一辈子也就没什么希望了。"

◎ 微子第十八（共十一章）

题解

本篇记述了孔子素有济世救国的远大志向。

原文

1.微子去之①，箕子为之奴②，比干谏而死。孔子曰："殷有三仁焉。"

2.柳下惠为士师③，三黜④。人曰："子未可以去乎?"曰："直道而事人，焉往而不三黜?枉道而事人，何必去父母之邦?"

3.齐景公待孔子，曰："若季氏，则吾不能;以季孟之间待之。"曰："吾老矣，不能用也。"孔子行。

4.齐人归女乐⑤，季桓子受之，三日不朝。孔子行。

5.楚狂接舆歌而过孔子曰⑥："凤兮! 凤兮! 何德之衰?往者不可谏，来者犹可追。已而，已而! 今之从政者殆而⑦!"孔子下，欲与之言。趋而辟之⑧，不得与之言。

注释

①微子去之:纣王无道，他的兄弟微子便弃官而去。

②箕子:箕子和比干都是纣王的叔父。

③士师:狱官。

④三黜(chù):多次被罢官。

⑤归女乐:赠送会唱歌跳舞的美女。

⑥接舆:楚国的隐士。

⑦殆:危险。

⑧辟:同"避"。

译文

1.(因为商纣王无道)微子便弃官而去，箕子被降为奴隶，比干因为进谏而被处死。孔子说："殷朝有三个仁人。"

2.柳下惠做狱官，多次被革职。有人说："您难道不可以离开鲁国吗?"柳下惠说："如果我按照正直的做法侍奉君主，到哪里去不会被多次革职呢?如果不按正直的做法侍奉君主，又何必要离开父母所在的国家呢?"

3. 齐景公讲到对待孔子的礼节说："如果像鲁国国君对待季氏那样来对待孔

子,我做不到;我只能用高于孟氏、低于季氏的待遇来对待他。"后来又说:"我老了,不能再任用他了。"孔子便离开了齐国。

4.齐国人送给鲁国许多会跳舞唱歌的美女,季桓子接受了,多日不上朝理事,孔子便离开了鲁国。

5.楚国的狂人接舆唱着歌从孔子的车前经过,他唱道:"凤凰呀,凤凰呀!你的德行为什么衰败了呢?过去的已不可挽回,未来的还可以补救。罢了!罢了!现在当政的那些人太危险了!"孔子下了车,想和他说话。接舆躲开了他,孔子没有和他说成话。

原文

6.长沮、桀溺耦而耕①。孔子过之,使子路问津焉。长沮曰:"夫执舆者为谁?"子路曰:"为孔丘。"曰:"是鲁孔丘与?"曰:"是也。"曰:"是知津矣②。"问于桀溺。桀溺曰:"子为谁?"曰:"为仲由。"曰:"是鲁孔丘之徒与?"对曰:"然。"曰:"滔滔者,天下皆是也,而谁以易之?且而与其从辟人之士也③,岂若从辟世之士哉?"耰而不辍④。子路行以告,夫子怃然曰⑤:"鸟兽不可与同群⑥,吾非斯人之徒与而谁与?天下有道,丘不与易也。"

注释

①耦而耕:两个人各执一耜(sì)一块耕地。
②是知津矣:他应该知道渡口在哪里。
③而:同"尔"。
④耰(yōu)而不辍:不停地用耰翻土。耰,翻土的农具。
⑤怃然:怅惘失意的样子。
⑥鸟兽不可与同群:此句意为不愿意隐居到山林中和鸟兽为伴。

译文

6.长沮、桀溺两个人一块耕田,孔子从旁边经过,让子路去询问渡口。长沮问子路:"驾车子的那个人是谁?"子路说:"是孔丘。"长沮问:"是鲁国的孔丘吗?"子路说:"是的。"长沮说:"他应该知道渡口在哪儿。"子路又去问桀溺。桀溺问:"你是谁?"子路说:"我是仲由。"桀溺问:"你是鲁国孔丘的学生吗?"子路说:"是的。"桀溺说:"天下大乱就像这泛滥的洪水一样,到处都这样,谁能改变得了呢?你与其跟着孔丘这种躲避坏人的人,还不如跟着我们这种避世隐居之士呢。"说完,桀溺不停地用耰翻土。子路回来以后,把这些告诉了孔子。孔子失望地叹息说:"我们既然不愿意和鸟兽相伴,如不和天下的人们待在一起又和谁在一起呢?天下如果太平,我就不会和你们一起来进行变革的工作了。"

中国家庭基本藏书

原文

7.子路从而后,遇丈人①,以杖荷蓧②。子路问曰:"子见夫子乎?"丈人曰:"四体不勤,五谷不分,孰为夫子?"植其杖而芸③。子路拱而立。止子路宿,杀鸡为黍而食之,见其二子焉。明日,子路行。以告,子曰:"隐者也。"使子路反见之,至则行矣。子路曰:"不仕无义。长幼之节不可废也,君臣之义如之何其废之?欲洁其身而乱大伦!君子之仕也,行其义也。道之不行,已知之矣。"

8.逸民:伯夷、叔齐、虞仲、夷逸、朱张、柳下惠、少连。子曰:"不降其志,不辱其身,伯夷、叔齐与!"谓:"柳下惠、少连,降志辱身矣,言中伦,行中虑,其斯而已矣。"谓:"虞仲、夷逸,隐居放言,身中清,废中权。我则异于是,无可无不可。"

注释

①丈人:老人。
②蓧(diào):锄草的工具。
③芸:锄草。

译文

7.子路跟随孔子,落在了后面,碰见了一位老人,用拐杖挑着锄草的工具。子路问:"您看见我的老师了吗?"老人说:"四体不勤,五谷不分,谁知道哪个是你的老师?"说完把拐杖插在地上锄草去了。子路拱着手恭敬地站在一旁。老人留子路到他家住宿,杀鸡煮黄米饭给他吃,并让两个儿子出来和子路相见。第二天子路赶上了孔子,告诉了这件事。孔子说:"这是位隐士。"让子路返回去看看他。子路到了那里,老人已经走了。子路说:"不从政为官是不合乎义的。长幼之间的礼节不可废弃,君臣之间的大义如何能废弃呢?只想洁身隐居,却不知道这样已经乱了君臣间的伦理关系。君子出仕,只是为了实行君臣之义。至于我们的主张行不通,则是早已知道的。"

8.隐逸不仕的人有:伯夷、叔齐、虞仲、夷逸、朱张、柳下惠、少连。孔子说:"不降低自己的志向,不辱没自己的身份,就是伯夷、叔齐吧!"又说:"柳下惠、少连,虽然降低志向、辱没身份,但说话合乎伦理,行为深思熟虑,如此而已。"又说:"虞仲、夷逸,过着隐居生活,说话放纵无忌,能保持自身的清白,放弃官位而合乎权变的道理。我却和这些人不同,没有什么可以,也没有什么不可以。"

9.大师挚适齐,亚饭干适楚①,三饭缭适蔡,四饭缺适秦,鼓方叔入于河,播鼗武入于汉②,少师阳、击磬襄入于海。

10.周公谓鲁公曰:"君子不施其亲③,不使大臣怨乎不以④。故旧无大故,则不弃也。无求备于一人。"

11.周有八士:伯达、伯适、仲突、仲忽、叔夜、叔夏、季随、季骐。

①亚饭干:周礼,天子和诸侯吃饭时要奏乐。亚饭干和下文的三饭缭、四饭缺都是乐师的名字。
②播鼗(táo):摇鼓的乐师。
③施:放松。
④不以:不用。

9.太师挚逃到齐国去了,二饭乐师干逃到楚国去了,三饭乐师缭逃到蔡国去了,四饭乐师缺逃到秦国去了,打鼓的方叔到黄河岸边去了,摇小鼓的武到汉水一带去了,少师阳、击磬的襄到海滨去了。

10.周公对鲁公说:"君子不该怠慢自己的亲族,不让大臣怨恨得不到重用,原来的大臣如果没有大错,就不要抛弃他们。不要对某一个人求全责备。"

11.周朝有八个贤士:伯达、伯适、仲突、仲忽、叔夜、叔夏、季随、季骐(guā)。

◎子张第十九(共二十五章)

题解

本篇主要记述了孔子的学生子张、子夏、子游、曾子、子贡等的言论。

原文

1.子张曰:"士见危致命①,见得思义,祭思敬,丧思哀,其可已矣。"

2.子张曰:"执德不弘②,信道不笃,焉能为有?焉能为亡?"

3.子夏之门人问交于子张。子张曰:"子夏云何?"对曰:"子夏曰:'可者与之,其不可者拒之。'"子张曰:"异乎吾所闻。君子尊贤而容众,嘉善而矜不能。我之大贤与,于人何所不容?我之不贤与,人将拒我,如之何其拒人也?"

4.子夏曰:"虽小道③,必有可观者焉。致远恐泥④,是以君子不为也。"

5.子夏曰:"日知其所亡,月无忘其所能,可谓好学也已矣。"

6.子夏曰:"博学而笃志⑤,切问而近思⑥,仁在其中矣。"

7.子夏曰:"百工居肆以成其事,君子学以致其道。"

8.子夏曰:"小人之过也必文。"

9.子夏曰:"君子有三变:望之俨然,即之也温,听其言也厉。"

10.子夏曰:"君子信而后劳其民,未信,则以为厉己也。信而后谏,未信,则以为谤己也。"

11.子夏曰:"大德不逾闲⑦,小德出入可也。"

注释

①致命:献出生命。

②弘:弘扬,发扬光大。

③小道:指某一方面的技能。

④泥:拘泥,不通达。

⑤笃志:专心一意。

⑥切问而近思:问一些自己没有搞清的问题,思考一些自己没有办成的事。

⑦闲:界限。

1.子张说:"士在国家危难时能献出自己的生命,有利可得时考虑是否合乎义理,祭祀时考虑是否做到了恭敬,居丧时考虑是否做到了悲哀,这样也就可以了。"

2.子张说:"执守仁德却不能发扬光大,信守道义却不坚定,这种人哪能算有?哪能算无?"

3.子夏的学生向子张请教交友之道。子张问:"子夏是怎么说的?"子夏的学生回答说:"子夏说:'可交的就与他相交,不可交的就拒绝他。'"子张说:"我所听到的和这不同。君子尊重贤人,又能容纳众人;能赞美好人,又能怜悯能力差的人。我如果是个大贤人,对别人有什么不能容纳的呢?我如果不贤,别人将会拒绝我,怎么能谈得上拒绝别人呢?"

4.子夏说:"虽是小的技艺,也一定有可取之处,但对远大的事业恐怕会有所妨碍,所以君子不从事这些小技艺。"

5.子夏说:"每天懂得一些原来不知道的,每月复习不忘记已经掌握的知识,这就可以称得上是好学了。"

6.子夏说:"广泛地学习,专心一意钻研,恳切地提问自己不懂的问题,多思考自己没有办成的事,仁德就在其中了。"

7.子夏说:"各行业的工匠要在自己的铺子里完成自己的工作,君子则通过学习来获得道。"

8.子夏说:"小人对于自己的过错必定加以掩饰。"

9.子夏说:"君子的态度使人感到有三种变化:远看端庄威严,接近了则温和可亲,听他说话则感到严厉。"

10.子夏说:"君子要先取得百姓的信任,而后再役使他们;如果没有取得信任,百姓就会以为是坑害他们。要先取得君主的信任,然后再去劝谏,如果没有取得信任,君主会以为是诽谤他。"

11.子夏说:"在道德的大节上不能超越界限,在细小的枝节上有些出入是可以的。"

12.子游曰:"子夏之门人小子,当洒扫应对进退则可矣,抑末也①。本之则无,如之何?"子夏闻之,曰:"噫!言游过矣。君子之道,孰先传焉?孰后倦焉?譬诸草木,区以别矣。君子之道,焉可诬也?有始有卒者,其惟圣人乎?"

13.子夏曰:"仕而优则学,学而优则仕。"

14.子夏曰:"丧致乎哀而止。"

15.子游曰:"吾友张也为难能也,然而未仁。"

16.曾子曰:"堂堂乎张也,难与并为仁矣。"

17.曾子曰:"吾闻诸夫子:人未有自致者也,必也亲丧乎!"

18.曾子曰:"吾闻诸夫子:孟庄子之孝也,其他可能也;其不改父之臣与父之政,是难能也。"

19.孟氏使阳肤为士师,问于曾子。曾子曰:"上失其道,民散久矣。如得其情,则哀矜而勿喜!"

20.子贡曰:"纣之不善,不如是之甚也。是以君子恶居下流,天下之恶皆归焉。"

21.子贡曰:"君子之过也,如日月之食焉:过也,人皆见之;更也,人皆仰之。"

①抑末也:或许是末节。抑,或许。

12.子游说:"子夏的那些学生,做些洒水扫地和迎来送往的事是可以的,但这些都是细小的事务。根本的学问却没有学到,怎么能行呢?"子夏听说了,说:"哎!子游的话错了! 君子的学问,哪些该先传授,哪些该后传授呢?譬如草木,是有大小区别的。君子的学问,怎么能歪曲呢?能够有始有终按次序教授学生的,大概只有圣人吧!"

13.子夏说:"做官做得好了,有了馀力就应该学习,学习好了就去做好官。"

14.子夏说:"居丧时,内心表现出悲哀之情就可以了。"

15.子游说:"我的朋友子张是难能可贵的了,然而他还没有做到仁。"

16. 曾子说:"子张表面上显得很有学问,仪表堂堂,其实难以和他一起做到仁。"

17.曾子说:"我听老师说过:人的感情平时不会充分表露,只有在遇到父母的丧事时才会表露。"

18.曾子说:"我听老师说过:孟庄子的孝行,其他方面别人是可以做到的,但不更换父亲的旧臣,不改变父亲的政治措施,别人是难以做到的。"

19.孟孙氏任命阳肤为狱官,阳肤去请教曾子。曾子说:"当政的人不按规定办事,百姓离心离德已经很久了。你如果了解到百姓因受苦而犯法的实情,应当怜悯他们,而不要以为对他们治了罪就沾沾自喜!"

20.子贡说:"殷纣王的劣迹,并不像传说得那么厉害。所以君子对自己处于下流的地位是很厌恶的,因为一旦处于下流地位,天下的一切坏事都会加到你身上。"

21.子贡说:"君子的过错,就像日食和月食一样:有了过错,人人都能看得见;改正过错时,人人都仰望着他。"

22.卫公孙朝问于子贡曰①:"仲尼焉学?"子贡曰:"文武之道,未坠于地,在人。贤者识其大者,不贤者识其小者,莫不有文武之道焉。夫子焉不学?而亦何常师之有?"

23.叔孙武叔语大夫于朝曰②:"子贡贤于仲尼!"子服景伯以告子贡③,子贡曰:"譬之宫墙:赐之墙也及肩,窥见室家之好;夫子之墙数仞④,不得其门而入,不见宗庙之美,百官之富⑤。得其门者或寡矣。夫子之云,不亦宜乎?"

①公孙朝:卫国的大夫。
②叔孙武叔:鲁国的大夫。
③子服景伯:鲁国的大夫。
④仞(rèn):古代长度单位,八尺为一仞。
⑤官:房舍。

22.卫国的公孙朝问子贡:"孔子的学问是从哪儿学来的?"子贡说:"周文王和周武王之道,并没有失传,还在人间流传。贤能的人记的是它的重要方面,不贤的人记的是它的次要方面,文武之道无处不在。我的老师哪里不能学习呢?又何必有个固定的老师呢?"

23.叔孙武叔在朝廷上对大夫们说:"子贡比孔子的能力强。"子服景伯把这话告诉了子贡。子贡说:"用围墙作个比喻吧,我的围墙只有肩膀那么高,谁都可以看见房屋的美好。我的老师的围墙有几丈高,如果找不到门,无法进去,就看不到宗庙的美好和房舍的多彩。能够找到门的人或许很少。叔孙武叔那样说,不也是很自然的吗?"

24.叔孙武叔毁仲尼。子贡曰:"无以为也!仲尼不可毁也!他人之

115

贤者,丘陵也,犹可逾也;仲尼,日月也,无得而逾焉。人虽欲自绝,其何伤于日月乎?多见其不知量也。"

25.陈子禽谓子贡曰:"子为恭也,仲尼岂贤于子乎?"子贡曰:"君子一言以为知,一言以为不知,言不可不慎也。夫子之不可及也,犹天之不可阶而升也!夫子之得邦家者,所谓立之斯立,道之斯行①,绥之斯来②,动之斯和。其生也荣,其死也哀,如之何其可及也?"

①道:同"导",引导。
②绥:安抚。

24.叔孙武叔诽谤孔子。子贡说:"不要这样做!仲尼是诽谤不了的。别的贤人,像丘陵,还可以越过去;仲尼就好比天上的日月,是没有人可以越过去的。有的人虽然想自绝于日月,但对日月有什么损害呢?只能说明他不自量力罢了。"

25.陈子禽对子贡说:"你对孔子太恭敬了吧?他难道比你有才能吗?"子贡说:"君子的一句话可以表现他的明智,也可以表现他的不明智,说话必须谨慎。我的老师的才能是别人赶不上的,就好像不能用梯子爬上天一样。我的老师如果能获得治理国家的权位,就像我所说的:要百姓立足于社会,百姓就会立足于社会;要引导百姓,百姓就会跟着走;要安抚百姓,百姓就会来归附;要鼓动百姓,百姓就会团结协力。老师活着很光荣,死了会使人悲哀。我怎么能赶上老师呢?"

◎ 尧曰第二十（共三章）

题解

本篇强调治理政事的当政者要"尊五美"、"屏四恶"，依照宽、信、敏、公之原则行事。

原文

1.尧曰："咨①！尔舜！天之历数在尔躬②，允执其中③。四海困穷，天禄永终。"

舜亦以命禹。

曰："予小子履④，敢用玄牡⑤，敢昭告于皇皇后帝：有罪不敢赦。帝臣不蔽⑥，简在帝心⑦。朕躬有罪⑧，无以万方；万方有罪，罪在朕躬。"

周有大赉⑨，善人是富。"虽有周亲，不如仁人。百姓有过，在予一人。"

谨权量，审法度⑩，脩废官，四方之政行焉。兴灭国，继绝世，举逸民，天下之民归心焉。

所重：民、食、丧、祭。

宽则得众，信则民任焉，敏则有功，公则说。

注释

①咨（zī）：感叹词。
②天之历数：天意所定的帝王继承次序。
③允执其中：诚实地执守中正之道。允，诚实。
④小子履：商汤的自称。履，商汤的名字。
⑤玄牡：黑色公牛。
⑥帝臣：天帝的臣民。
⑦简：知道，明白。
⑧朕：古人自称之词。从秦始皇开始成为皇帝自称的专用词。
⑨赉（lài）：封赏。
⑩谨权量，审法度：谨慎地制定审查度量衡。权，计重量的标准。量，计容积的标准。法度，计长度的标准。

译文

1.尧禅位给舜时说："啧啧！舜呀！按照上天的意志，帝位该你来继承了，你要诚实地执守中正之道。如果有失中正，天下的百姓将陷于贫困，上天赐给你的禄位就终止了。"

舜也用这些话嘱咐了禹。

商汤说："我小子履，大胆地用黑色公牛来祭祀，明白地向伟大的天帝祷告：对于有罪的人，我不敢擅自赦免。臣仆的罪恶我也不敢隐瞒，因为你心里都明白。我自身有罪，请不牵连天下的百姓；天下的百姓有罪，罪都应由我一人来承担。"

周初大封诸侯，善人因此都得到富贵。周武王说："我虽然有最亲的人，却不如有仁德的人。百姓有过错，都应该由我一人来承担。"

孔子常说：谨慎地审定度量衡，恢复已废弃的官职与机构，政令就会在天下通行了。复兴已灭亡的国家，接续已断绝的世族，推荐起用前代的贤士，百姓就会心悦诚服地归顺了。

所重视的是：百姓、粮食、丧事、祭祀。

做人宽厚就会得到百姓拥护。诚实守信，百姓就会听从任用。勤敏工作就会取得成功，办事公平就会使百姓高兴。

2.子张问于孔子曰："何如斯可以从政矣?"子曰："尊五美，屏四恶①，斯可以从政矣。"子张曰："何谓五美?"子曰："君子惠而不费②，劳而不怨，欲而不贪③，泰而不骄④，威而不猛。"子张曰："何谓惠而不费?"子曰："因民之所利而利之，斯不亦惠而不费乎?择可劳而劳之，又谁怨?欲仁而得仁，又焉贪?君子无众寡，无小大，无敢慢，斯不亦泰而不骄乎?君子正其衣冠，尊其瞻视，俨然人望而畏之，斯不亦威而不猛乎?"子张曰："何谓四恶?"子曰："不教而杀谓之虐；不戒视成谓之暴；慢令致期谓之贼；犹之与人也，出纳之吝谓之有司⑤。"

①屏：除。
②惠而不费：使百姓得到好处，自己却无所耗费。惠，恩惠。
③欲而不贪：有得到仁德的欲望但不贪图财利。欲，希望实行仁义。
④泰而不骄：庄重却不骄傲。
⑤出纳：支出。有司：管理某一具体事情的官吏。这里指管理财务的小官。

2.子张问孔子："怎样才可以从政呢?"孔子说："尊崇五种美德，摒除四种恶政，这样就可以从政了。"子张说："什么是五种美德?"孔子说："给百姓以恩惠，自己却没有什么耗费；安排百姓劳动，百姓却不怨恨；有欲望，但不贪图财利；庄重却不骄傲；威严却不凶猛。"子张问："什么叫惠而不费?"孔子说："顺着百姓可以得到的方面而引导百姓去获利,不就是使百姓获利而自己没有什么耗费吗?选择百姓可以劳动的时间让他们去劳动,那还有谁会怨恨呢?自己想得到仁德就得到了仁德,还贪求什么财利呢?君子无论人多人少,无论事大事小,都不敢怠慢,这不就是庄重而不骄傲吗?君子衣冠齐楚,目光庄重严肃,使人望而生畏,这不就是威严而不凶猛吗?”子张又说:“什么是四种恶政?”孔子说:“不事先进行教育,犯了错就杀,这叫做虐杀;不事先打招呼,要求马上做事成功,这叫做暴;很晚才下令,却要限期完成,这叫做贼;同样是给人赏赐,出手的时候却显得很吝啬,这叫做小官作风。”

3.孔子曰:“不知命,无以为君子也;不知礼,无以立也;不知言,无以知人也。”

3.孔子说:“不懂天命,就不能做君子;不懂礼,就无法在社会上立足;不能辨别言语的是非,就不能分清人的善恶。”

◎附　录

《论语》名言警句

△学而时习之,不亦说乎?有朋自远方来,不亦乐乎?人不知而不愠,不亦君子乎?(第 005 页)

△巧言令色,鲜矣仁!(第 005 页)

△吾日三省吾身:为人谋而不忠乎? 与朋友交而不信乎? 传不习乎?(第 005 页)

△君子食无求饱,居无求安,敏于事而慎于言,就有道而正焉,可谓好学也已。(第 009 页)

△不患人之不己知,患不知人也。(第 009 页)

——以上《学而》

△《诗》三百,一言以蔽之,曰:"思无邪。"(第 010 页)

△吾十有五而志于学,三十而立,四十而不惑,五十而知天命,六十而耳顺,七十而从心所欲,不逾矩。(第 010 页)

△温故而知新,可以为师矣。(第 012 页)

△学而不思则罔,思而不学则殆。(第 012 页)

△知之为知之,不知为不知,是知也。(第 013 页)

△举直错诸枉,则民服;举枉错诸直,则民不服。(第 013 页)

——以上《为政》

△八佾舞于庭,是可忍也,孰不可忍也!(第 016 页)

△成事不说,遂事不谏,既往不咎。(第 019 页)

△子谓《韶》:"尽美矣,又尽善也。"谓《武》:"尽美矣,未尽善也。"(第 020 页)

——以上《八佾》

△朝闻道,夕死可矣。(第 023 页)

△君子怀德,小人怀土;君子怀刑,小人怀惠。(第 023 页)

△放于利而行,多怨。(第 023 页)

△君子喻于义,小人喻于利。(第 024 页)

△见贤思齐焉,见不贤而内自省也。(第 024 页)

△父母在,不远游。游必有方。(第 024 页)

△父母之年,不可不知也。一则以喜,一则以惧。(第 024 页)

△君子欲讷于言,而敏于行。(第 024 页)

△德不孤,必有邻。(第025页)

——以上《里仁》

△朽木不可雕也,粪土之墙不可杇也。(第028页)

△敏而好学,不耻下问。(第029页)

——以上《公冶长》

△有颜回者好学,不迁怒,不贰过。(第034页)

△君子周急不继富。(第034页)

△子曰:"贤哉,回也!一箪食,一瓢饮,在陋巷。人不堪其忧,回也不改其乐。贤哉,回也!"(第035页)

△质胜文则野,文胜质则史。文质彬彬,然后君子。(第037页)

△知之者不如好之者,好之者不如乐之者。(第037页)

△知者乐水,仁者乐山。知者动,仁者静。知者乐,仁者寿。(第037页)

——以上《雍也》

△默而识之,学而不厌,诲人不倦,何有于我哉?(第040页)

△不愤不启,不悱不发。举一隅不以三隅反,则不复也。(第040页)

△饭疏食,饮水,曲肱而枕之,乐亦在其中矣。不义而富且贵,于我如浮云。(第042页)

△其为人也,发愤忘食,乐以忘忧,不知老之将至。(第042页)

△子不语:怪、力、乱、神。(第042页)

△三人行,必有我师焉。择其善者而从之,其不善者而改之。(第042页)

△君子坦荡荡,小人长戚戚。(第045页)

——以上《述而》

△鸟之将死,其鸣也哀;人之将死,其言也善。(第046页)

△可以托六尺之孤,可以寄百里之命,临大节而不可夺也。(第046页)

△士不可以不弘毅,任重而道远。(第046页)

△笃信好学,守死善道。危邦不入,乱邦不居。天下有道则见,无道则隐。邦有道,贫且贱焉,耻也;邦无道,富且贵焉,耻也。(第048页)

△不在其位,不谋其政。(第048页)

——以上《泰伯》

△君子居之,何陋之有?(第053页)

△子在川上曰:"逝者如斯夫! 不舍昼夜。"(第054页)

△吾未见好德如好色者也。(第054页)

△后生可畏,焉知来者之不如今也?四十、五十而无闻焉,斯亦不足畏也已。(第054页)

121

△主忠信。毋友不如己者,过则勿惮改。(第054页)

△三军可夺帅也,匹夫不可夺志也。(第054页)

△岁寒,然后知松柏之后凋也。(第055页)

△知者不惑,仁者不忧,勇者不惧。(第055页)

——以上《子罕》

△食不厌精,脍不厌细。(第060页)

△食不语,寝不言。(第060页)

△寝不尸,居不容。(第061页)

——以上《乡党》

△未能事人,焉能事鬼?(第065页)

△未知生,焉知死?(第065页)

△夫人不言,言必有中。(第065页)

△过犹不及。(第066页)

——以上《先进》

△非礼勿视,非礼勿听,非礼勿言,非礼勿动。(第071页)

△己所不欲,勿施于人。(第071页)

△"死生有命,富贵在天。"君子敬而无失,与人恭而有礼,四海之内皆兄弟也。君子何患乎无兄弟也?(第071页)

△自古皆有死,民无信不立。(第072页)

△君子成人之美,不成人之恶;小人反是。(第074页)

△君子以文会友,以友辅仁。(第075页)

——以上《颜渊》

△名不正,则言不顺;言不顺,则事不成;事不成,则礼乐不兴;礼乐不兴,则刑罚不中;刑罚不中,则民无所错手足。(第077页)

△其身正,不令而行;其身不正,虽令不从。(第078页)

△欲速则不达,见小利则大事不成。(第080页)

△言必信,行必果。(第080页)

△君子和而不同,小人同而不和。(第081页)

△君子易事而难说也。说之不以道,不说也;及其使人也,器之。小人难事而易说也。说之虽不以道,说也;及其使人也,求备焉。(第081页)

△君子泰而不骄,小人骄而不泰。(第081页)

——以上《子路》

△有德者必有言,有言者不必有德;仁者必有勇,勇者不必有仁。(第083页)

△贫而无怨难,富而无骄易。(第084页)

△不患人之不己知，患其不能也。（第 087 页）

△不怨天，不尤人。（第 088 页）

——以上《宪问》

△可与言而不与之言，失人；不可与言而与之言，失言。知者不失人，亦不失言。（第 091 页）

△志士仁人，无求生以害仁，有杀身以成仁。（第 091 页）

△工欲善其事，必先利其器。（第 091 页）

△人无远虑，必有近忧。（第 093 页）

△君子求诸己，小人求诸人。（第 093 页）

△君子不以言举人，不以人废言。（第 093 页）

△小不忍，则乱大谋。（第 094 页）

△人能弘道，非道弘人。（第 094 页）

△过而不改，是谓过矣。（第 094 页）

△君子忧道不忧贫。（第 094 页）

△当仁，不让于师。（第 095 页）

△有教无类。（第 095 页）

△道不同，不相为谋。（第 095 页）

——以上《卫灵公》

△不患寡而患不均，不患贫而患不安。（第 097 页）

△既来之，则安之。（第 097 页）

△益者三友，损者三友。友直，友谅，友多闻，益矣；友便辟，友善柔，友便佞，损矣。（第 098 页）

△侍于君子有三愆：言未及之而言谓之躁，言及之而不言谓之隐，未见颜色而言谓之瞽。（第 098 页）

△生而知之者上也；学而知之者次也；困而学之，又其次也；困而不学，民斯为下矣。（第 098 页）

——以上《季氏》

△日月逝矣，岁不我与。（第 102 页）

△性相近也，习相远也。（第 102 页）

△唯上知与下愚不移。（第 102 页）

△《诗》，可以兴，可以观，可以群，可以怨。迩之事父，远之事君；多识于鸟兽草木之名。（第 104 页）

△色厉而内荏，譬诸小人，其犹穿窬之盗也与？（第 104 页）

△道听而途说，德之弃也。（第 104 页）

△饱食终日,无所用心,难矣哉!（第106页）

——以上《阳货》

△往者不可谏,来者犹可追。（第108页）

△四体不勤,五谷不分。（第110页）

——以上《微子》

△日知其所亡,月无忘其所能,可谓好学也已矣。（第112页）

△仕而优则学,学而优则仕。（第113页）

△纣之不善,不如是之甚也。是以君子恶居下流,天下之恶皆归焉。（第114页）

△君子之过也,如日月之食焉:过也,人皆见之;更也,人皆仰之。（第114页）

——以上《子张》

孔子年表

鲁襄公二十二年(前551)

孔子生。

鲁襄公二十四年(前549)

孔子三岁。父叔梁纥卒。

鲁昭公七年(前535)

孔子十七岁。母颜氏卒在前。

鲁昭公九年(前533)

孔子十九岁。娶宋亓官氏。

鲁昭公十年(前532)

孔子二十岁。生子鲤,字伯鱼。

鲁昭公十七年(前525)

孔子二十七岁。郯子来朝,孔子见之,学古官名。其担任鲁之委吏乘田当在此前。

鲁昭公二十年(前522)

孔子三十岁。孔子初入鲁太庙当在前。琴张从游,当在此时或稍前。孔子此时始授徒设教。颜无繇、仲由、曾点、冉伯牛、闵损、冉求、仲弓、颜回、高柴、公西赤诸人先后从学。

鲁昭公二十四年(前518)

孔子三十四岁。鲁孟釐子卒,遗命其二子孟懿子及南宫敬叔师事孔子学礼。其时二子十三岁,其正式从学当在后。

鲁昭公二十五年（前 517）

孔子三十五岁。鲁三家共攻昭公，昭公奔于齐，孔子在这年到齐，在齐闻《韶》乐。齐景公问政于孔子。

鲁昭公二十六年（前 516）

孔子三十六岁。当在这年返鲁。

鲁昭公二十七年（前 515）

孔子三十七岁。吴季札从齐返，其长子卒，葬嬴博间，孔子自鲁往观其葬礼。

鲁定公五年（前 505）

孔子四十七岁。鲁阳货执季桓子。阳货欲见孔子，当在此后。

鲁定公八年（前 502）

孔子五十岁。鲁三家攻阳货，阳货奔阳关。这年，公山弗扰召孔子。

鲁定公九年（前 501）

孔子五十一岁。鲁阳货奔齐。孔子始出仕，为鲁中都宰。

鲁定公十年（前 500）

孔子五十二岁。由中都宰为司空，又为大司寇。相定公与齐会夹谷。

鲁定公十二年（前 498）

孔子五十四岁。鲁听从孔子主张堕三都。堕郈，堕费，又堕成，不克。孔子堕三都之主张遂陷于停顿。

鲁定公十三年（前 497）

孔子五十五岁。去鲁到卫。卫人端木赐从游。

鲁定公十四年（前 496）

孔子五十六岁。去卫过匡。晋佛肸来召，孔子欲往，最终不成，重返卫。

鲁定公十五年（前 495）

孔子五十七岁。始见卫灵公，出仕卫，见卫灵公夫人南子。

鲁哀公元年（前 494）

孔子五十八岁。卫灵公问阵，当在今年或明年，孔子遂辞卫仕。其去卫，当在明年。

鲁哀公二年（前 493）

孔子五十九岁。卫灵公卒，孔子在其卒之前后去卫。

鲁哀公三年（前 492）

孔子六十岁。孔子由卫到曹又到宋，宋司马桓魋欲杀之，孔子微服去，到陈。遂仕于陈。

鲁哀公六年（前 489）

孔子六十三岁。吴伐陈，孔子去陈。绝粮于陈、蔡之间，遂到蔡，见楚叶公。又自叶返陈，自陈返卫。

鲁哀公七年(前488)

孔子六十四岁。再仕于卫,时为卫出公之四年。

鲁哀公十一年(前484)

孔子六十八岁。鲁季康子召孔子,孔子返鲁。自其去鲁到卫,先后共十四年而重返鲁。此后便开始其晚年的教育生活,有若、曾参、言偃、卜商、颛孙师等人皆先后从学。

鲁哀公十二年(前483)

孔子六十九岁。子孔鲤卒。

鲁哀公十四年(前481)

孔子七十一岁。颜回卒。齐陈恒弑其君,孔子请讨之,鲁君臣不从。是年,鲁西狩获麟,孔子春秋绝笔。春秋始笔在何年,则不可考。

鲁哀公十五年(前480)

孔子七十二岁。仲由死于卫。

鲁哀公十六年(前479)

孔子七十三岁。卒。

《论语》重要研究著作

《论语注疏》 [汉]何晏集解,[宋]邢昺疏。有武英殿本。

《论语集注》 [宋]朱熹撰,有《四书章句集注》本。

《论语正义》 [清]刘宝楠撰,有中华书局本。

《四书释地》 [清]阎若璩撰,有《四库全书》本。

《四书賸言》 [清]毛奇龄撰,有《四库全书》本。

《群经平议》 [清]俞樾撰,有"俞氏丛书"本。

《论语集释》 程树德撰。

《论语疏证》 杨树达撰,将三国以前所有征引《论语》或者和《论语》有关资料都依《论语》原文疏列,时出己意,并加按语。

《论语译注》 杨伯峻撰。对《论语》全书进行注释和白话翻译,是白话译注中的权威版本。有中华书局本。

《四书读本》 蒋伯潜撰,有浙江人民出版社本。

《四书今译》 夏廷章等撰,有江西人民出版社本。

大　学

[战国]曾参等 撰

马银华 译注

◎朱熹《大学章句》序

　　大学之书，古之大学所以教人之法也。盖自天降生民，则既莫不与之以仁义礼智之性矣。然其气质之禀，或不能齐，是以不能皆有以知其性之所有而全之也。一有聪明睿智能尽其性者出于其间，则天必命之以为亿兆之君师，使之治而教之，以复其性，此伏羲、神农、黄帝、尧、舜所以继天立极，而司徒之职，典乐之官所由设也。

　　三代之隆，其法寖备，然后王宫国都以及闾巷，莫不有学。人生八岁，则自王公以下，至于庶人之子弟，皆入小学，而教之以洒扫应对进退之节，礼、乐、射、御、书、数之文；及其十有五年，则自天子之元子、众子，以至公卿、大夫、元士之适子，与凡民之俊秀，皆入大学，而教之以穷理、正心、修己、治人之道，此又学校之教，大小之节，所以分也。夫以学校之设，其广如此，教之之术，其次第节目之详又如此，而其所以为教，则又皆本之人君躬行心得之余，不待求之民生日用彝伦之外，是以当世之人无不学，其学焉者，无不有以知其性分之所固有，职分之所当为，而各俛焉以尽其力。此古昔盛时，所以治隆于上，俗美于下，而非后世之所能及也。

　　及周之衰，贤圣之君不作，学校之政不修，教化陵夷，风俗颓败。时则有若孔子之圣，而不得君师之位，以行其政教，于是独取先王之法，诵而传之，以诏后世。若《曲礼》、《少仪》、《内则》、《弟子职》诸篇，固小学之支流余裔；而此篇者，则因小学之成功，以著大学之明法，外有以极其规模之大，而内有以尽其节目之详者也。三千之徒，盖莫不闻其说，而曾氏之传，独得其宗。于是作为传义，以发其意。及孟子没，而其传泯焉，则其书虽存，而知者鲜矣。

　　自是以来，俗儒记诵词章之习，其功倍于小学而无用；异端虚无寂灭之教，其高过于大学而无实；其他权谋术数，一切以就功名之说，与夫百家众技之流，所以惑世诬民，充塞仁义者，又纷然杂出乎其间，使其君子不幸而不得闻大道之要，其小人不幸而不得蒙至治之泽，晦盲否塞，反复沉痼，以及五季之衰，而坏乱极矣！

129

天运循环,无往不复;宋德隆盛,治教休明。于是河南程氏两夫子出,而有以接乎孟氏之传。实始尊信此篇而表章之,既又为之次其简编,发其归趣,然后古者大学教人之法,圣经贤传之指,粲然复明于世。虽以熹之不敏,亦幸私淑而与有闻焉。顾其为书,犹颇放失,是以忘其固陋,采而辑之,间亦窃附己意,补其阙略,以俟后之君子。极知僭逾,无所逃罪,然于国家化民成俗之意,学者修己治人之方,则未必无小补云。

淳熙己酉二月甲子,新安朱熹序。

《大学》这部书,是古代的大学用来教育学生的有关法则。大概上天让人民诞生之时,就没有不让他们具备仁义礼智的本性。可是每个人所具有的素质,有时不能一样,那是因为不能够全部了解他所具备的本性并且全部拥有这些本性。一旦有聪明智慧而拥有这些本性的人产生于芸芸众生之间,那么上天就一定会让他成为亿兆生民的国君和师长,让国君和师长治理众生、教育众生,以图恢复他们的本性。这就是伏羲氏、神农氏、黄帝、尧、舜之所以继上天之后又立地极的原因,也是司徒等职位、典乐等官员所设立的缘故。

夏、商、周三代之时,天下兴隆,各种教育人的方法具备,因此上自君王的宫殿,中自属国的国都,下到贫民间巷,没有不设立学校的。一个人长到八岁,那么从王公贵族以下,以至于平民的子弟,都要进入小学学习,教给他们洒水扫地、回答应对、前进后退的各种礼节,以及礼制、音乐、射击、驾车、书写、数学等各种本领;等到十五岁时,那么上自天子的嫡长子、其馀王子,下到公卿、大夫、士的嫡长子,以及普通人家的优秀人才,都入大学,教给他们穷究真理、端正心态、修养自身、治理民众的方法,这又是学校教育中设立大学、小学的原因。学校的设置,如此广泛,教学的方法,又如此条理分明、面面俱到,教育的本意,又都以皇帝身体力行所得的体会为本,而不从人民日常生活、伦理之外去寻求。因此当时的人没有不学习的,所有学习的人,无不知晓自身固有的本性,以及与本人身份相当的所作所为,并且各自勉励,尽自己最大的努力。这就是古往之时的盛世,上层社会管理有序、下层社会风俗淳美,而不是后世所能比得上的原因所在。

等到周朝衰亡,贤明神圣的君王不再出现,学校的教育不推广,教化的功能衰退,风俗败坏。当时竟然有如孔子这样的圣人,都不能处在君主和老师的位置上,以推广他的政治教化。于是孔子只好将先王的好的措施单独抽取出来,诵读它们,传播它们,以告示后世。像《曲礼》、《少仪》、《内则》、《弟子职》各篇,本来就属于小学中的支流馀绪,而《大学》这一篇,则是根据小学的经验,来阐明大学的明德之法则,从外部看,将大学的规模都涉及到了,从内部看,又将大学的各种功能都详尽地罗列。孔门三千个徒弟,大概没有不闻此说的,而惟独曾参对它加以承传,能够继承它的宗旨,于是又作传文,以阐发它的意蕴。等到孟子去世之后,对《大学》的传文逐渐中断,以至书虽存在,而理解和掌握它的人却很少了。

从此之后,庸俗的儒生记诵词章所付出的努力,数倍于对小学的学习,可是仍无用处;各种异端邪说、道教、佛教的教义,看似高出大学的内容,可是却没有实际的功效;其他权谋术数,以及一切成就功名的学说,与那些百家众技之类,都是蛊惑世人、欺诬民众而阻塞仁义的,各种学说纷然杂出,致使不幸的君子不能够听到大道的要义,不幸的民众不能够蒙受盛世的恩泽,像盲人和聋子一样,看不见,听不到,反复沉沦,致成痼习,一直到五代的衰亡,而礼乐崩坏混乱到了极点!

天道的运动循环不已,衰而复盛。到了宋朝,盛世兴隆,政治教化无比英明。于是有河南程颢、程颐两位先生诞生,他们承接孟子的传文,开始尊重、信用这篇《大学》,并且发扬光大,然后又为全书编定次序,阐发全书的宗旨。这样一来,古代大学中教育人的各种方法,圣贤经典传文之旨义,又粲然现于当世。即使像我朱熹这样不聪明的人,也有幸成为私淑弟子,并且很有收获。但是审视二程对全书的编辑,仍有不恰当之处,所以我一时忘记了自身的孤陋寡闻,大胆地重新加以编辑,间或将自己的心得附于其中,弥补原来缺略的部分,等待后来有高明的君子,将会比我做得更好。我深知这样做是对圣贤的不恭敬,罪责无可逃脱,可是对于国家教化民众,美化民风的意愿,对于学习的人修养自身、掌握管理他人的方法,则未必就没有小小的补益作用。

宋孝宗淳熙己酉(1189)二月甲子(二月二十日),新安人朱熹序。

131

◎《大学》程子提示

子程子曰^①：《大学》，孔氏之遗书^②，而初学入德之门也。于今可见古人为学次第者，独赖此篇之存，而《论》、《孟》次之。学者必由是而学焉，则庶乎其不差矣。

①子程子：前一个"子"是老师的意思，后一个"子"是古代对男子的尊称，即先生之意。程子即程颐(1033—1107)，字正叔，又称伊川先生。与其兄程颢并称"二程"，是宋朝的大儒。

②孔氏：即孔子(前551—前479)，名丘，字仲尼，春秋末年思想家、教育家，儒家学派的创始者。

老师程颐先生说：《大学》是孔子所遗留下来的书籍，是开始学习知识的人进入道德修养的入门读物。如今的人们可以看到古人做学问的先后次序，全凭这篇《大学》的存在，其次才是《论语》和《孟子》。学习知识的人必须沿着《大学》中所说的次序去学习，那么进入道德修养的境界就该差不多了。

◎"经文"章

题解

本章为《大学》之总论。首先论述了大学之道有"明明德、亲民、止于至善"三纲领,其次论述了"格物、致知、诚意、正心、修身、齐家、治国、平天下"八条目。然后论述达到至善的方式方法及先后次序。最后论述了三纲领和八条目之间的关系,提出"修身"是根本。

原文

大学之道①,在明明德②,在亲民③,在止于至善④。知止而后有定⑤,定而后能静,静而后能安,安而后能虑⑥,虑而后能得⑦。物有本末⑧,事有终始,知所先后⑨,则近道矣。

注释

①大学:古代人八岁入小学,学习洒扫、应对等日常礼节;十五岁入大学,学习为人做事的道理。道:道理,原则。

②明明德:前一个"明"是"彰明"、"显明"之意;后一个"明"是"光明"之意。明德,指本身固有的光明德性。

③亲民:亲当作"新","新民"即使人民革旧布新。

④至善:达到最完善的境界。

⑤知止:知道所要达到的地步。

⑥虑:考虑周到。

⑦得:得到(至善)。

⑧本末:指树木的根部与树梢,引申为事物的根本与枝节。

⑨先后:这里指道德修养的先后顺序和轻重缓急。

译文

在大学中学习的原则,在于彰明人类本身所固有的光明的德性,在于让民众革旧布新,在于达到最完善的境界。知道了所要达到的境界,而后便能确定志向,确定志向后,便能安心修养,不去妄动,安心修养了,才能考虑周到,考虑得十分周到,自然会得到最完善的境界。世上的万物都有根本和枝节,天下的万事都有开端和结局,知道了道德修养的先后次序和轻重缓急,也就接近于做学问的方法了。

原文

古之欲明明德于天下者,先治其国;欲治其国者,先齐其家①;

133

欲齐其家者,先修其身②;欲修其身者,先正其心;欲正其心者,先诚其意;欲诚其意者,先致其知③;致知在格物④。

①齐:整顿、治理。
②修:修养。
③致:求得、达到。
④格物:推究事物的本源。格物、致知、诚意、正心、修身、齐家、治国、平天下,是儒家研究学问的八个条目。

在古代,要想将人固有的美好品德彰显于全社会,就必须先从治理国家入手;要想将国家治理好,就必须先治理、整顿各位士大夫家族的秩序;要想搞好家政,就必须先提高自身品德的修养;要想提高自身的品德修养,就必须先端正自己的心态,使无邪念;要想使心态端正,就必须先使意念诚实;要做到意念诚实,就必须先达到一定的知识储备;探索并且获得知识的关键,在于推究事物的本源。

物格而后知至,知至而后意诚,意诚而后心正,心正而后身修,身修而后家齐,家齐而后国治,国治而后天下平。自天子以至于庶人①,壹是皆以修身为本②。其本乱,而末治者否矣③。其所厚者薄④,而其所薄者厚,未之有也。

①庶人:古时候对农业劳动者的称谓,后泛指普通百姓。
②壹是:一切、一律。
③否:无,没有,不可能。
④厚、薄:本意为丰厚、薄弱,引申为重视、轻视。

推究事物的本源然后才能获得各种知识,获得知识之后意念就诚实,意念诚实了,心态便端正,没有邪念,心态端正,则品德修养可提高,提高品德修养之后,家政自然能治理好,家政治理得好,一国也能治理好,各个诸侯国安定富庶,整个社会便太平无事。上自天子,下到平民百姓,都一律以提高本身的品德修养为根本。如果这个根本混乱败坏了,那么要做到齐家、治国、平天下,那是不可能的。如果本末倒置,将本来应当重视的事忽略,而将本来应当忽略的事重视,想要达到治国、平天下这样的目的,那也是从来没有的事。

右经一章。盖孔子之言,而曾子述之。其传十章,则曾子之意,而门人记之也。旧本颇有错简,今因程子所定,而更考经文,别为序次如左。(朱熹说,以上是"经文"章,大概是孔子的言论,而由孔子的学生曾参记录下来的。下面的"传文"十章,则是曾参的见解,而由曾参的门人记录下来的。旧有的版本多有文字次序颠倒的地方,如今我依据程颐先生所审定的,再考证原有的经文,另外编定为下面的次序)。

◎"传文"十章

第一章 释"明明德"

题解

本章引用《尚书》,阐述"明明德"的道理,告诫人们发扬自身之美德,成就伟大的事业。

原文

《康诰》曰①:"克明德②。"《大甲》曰③:"顾諟天之明命④。"《帝典》曰⑤:"克明峻德⑥。"皆自明也。

注释

①《康诰》:《尚书·周书》中的篇名。
②克:能够,能。
③《大甲》:《尚书·商书》中的篇名。大(tài),读音泰。大甲,商代国王,商汤嫡长孙。
④顾諟(shì)天之明命:这是伊尹告诫大甲的话。顾,回顾,想念;諟,是,此;明命,明德。
⑤《帝典》:《尚书·虞书》中之篇名,也即《尧典》,主要记述尧、舜二帝的事迹。
⑥克明峻德:能够彰显伟大的德行。峻,大。

译文

《尚书·康诰》篇说:"能够具备光明的德性。"《尚书·大甲》篇说:"要经常回顾上天赋予的光明的德性。"《尚书·帝典》篇说:"要能够彰显伟大的德性。"以上这一切,讲的都是使人们自己的美德得以彰显和发扬。

朱熹按语

右传之首章,释"明明德"。(朱熹说,以上是传文的第一章,是解释"明明德"的。)

第二章 释"新民"

题解

本章引用《尚书》和《诗经》,阐述"新民"的道理,告诫人们自新、新民。对上要求君主自新,对下要求百姓更新。

原文

汤之《盘铭》曰①:"苟日新②,日日新,又日新。"《康诰》曰:"作新

136

民③。"《诗》曰④:"周虽旧邦⑤,其命维新⑥。"是故君子无所不用其极⑦。

①汤:指商朝的开国君主成汤。《盘铭》:刻在浴盆上的用以自警的辞句。盘是上古时代用青铜制成的盥洗器具;铭是镂刻在器皿上的文辞,后来演变为一种文体,叫金文。

②苟:如果,假使。 新:本意指洗涤身上的污秽,焕然一新,引申为道德修养方面的不断更新。

③作:同"做"。 新民:使民自新,成为一个新的人。

④《诗》:指《诗经》,我国最早的一部诗歌总集,收诗三百零五篇。此处所引诗句出自《诗经·大雅·文王》。

⑤周:指周朝。 旧邦:从后稷开国,到周文王时代,周已立国百馀年,故称"旧邦"。

⑥其命维新:指周文王承受上天之命,能够不断自新其德。

⑦君子:指执政者,统治者。 极:顶点,最高的境界。

成汤在青铜器盘上镂刻着这样的铭文警告自己:"假使能每天洗涤自身的污秽,从而焕然一新,那么就该天天这样清洗,天天有新的面貌,常年保持,从不间断,便能一天又一天地革新下去。"《尚书·康诰》又说:"做一个新人。"《诗经·大雅·文王》中说:"周朝虽说是一个旧邦,但由于周文王承受上天之命,所以能够不断地自新其德。"所以说,作为统治者,无论何时何地,都要追求使人民革新的最高境界。

右传之二章,释"新民"。(朱熹说,上面一段是传文的第二章,是用来解释"新民"的。)

第三章 释"止于至善"

本章引用《诗经》"邦畿"、"绵蛮"、"穆穆",目的在于说明"止",有所止,且止于善处。接着又引《诗经》"瞻彼",目的在于说明"至善"。而后引用《诗经》"前王不忘",咏叹前王至善至美,使民不断革新的功劳,后世之人永不相忘。

《诗》云①:"邦畿千里②,惟民所止③。"《诗》云④:"绵蛮黄鸟⑤,止于丘隅⑥。"子曰⑦:"於止⑧,知其所止。可以人而不如鸟乎!"《诗》云⑨:"穆穆文王⑩,於缉熙敬止⑪。"为人君,止于仁;为人臣,止于敬;为人子,止于孝;为人父,止于慈;与国人交,止于信。

注释

①此处所引的诗,见《诗经·商颂·玄鸟》。

②邦畿(jī):古代指天子所在的都城及其周边地区。 千里:方圆千里的地域。

③惟:为。 所止:所居住之地。

④此处所引的诗,见《诗经·小雅·绵蛮》。

⑤绵蛮(miánmán):鸟鸣叫声。

⑥止:指鸟儿栖息。 丘隅:多树的土山。

⑦子:指孔子。

⑧於(wū):感叹词,唉。

⑨此处所引的诗,见《诗经·大雅·文王》。

⑩穆穆:形容文王恭敬端庄、道德深远的样子。

⑪於(wū):感叹词,啊。 缉熙:继续发扬光明的美德。 止:语气助词。

译文

　　《诗经·商颂·玄鸟》篇说:"天子的帝都,方圆千里,为百姓们所愿意居住的地方。"《诗经·小雅·绵蛮》篇说:"绵蛮绵蛮,黄鸟鸣叫,它们栖息在多树的土山上。"孔子读了这两句诗后,感叹道:"唉!重要的是进退居处啊!黄鸟都知道它该在何处栖息,难道人反不如鸟了吗?"《诗经·大雅·文王》篇说:"啊!恭敬端庄、道德深远的周文王,他继续发扬光明的美德,人们无不崇敬他。"做国君的,能施行仁政;做人臣的,能做到恭敬;做儿子的,能尽到孝道;做父亲的,能体现慈爱;与国人交往时,能坚守诚信。

原文

　　《诗》云①:"瞻彼淇奥②,菉竹猗猗③。有斐君子④,如切如磋⑤,如琢如磨⑥,瑟兮僩兮⑦,赫兮喧兮⑧。有斐君子,终不可谖兮⑨!"如切如磋者,道学也;如琢如磨者,自修也;瑟兮僩兮者,恂栗也⑩;赫兮喧兮者,威仪也;有斐君子,终不可谖兮者,道盛德至善,民之不能忘也。

注释

①此处所引的诗句,见《诗经·卫风·淇奥》。

②淇奥(yù):淇水河边弯曲的地方。奥,通"澳"。

③菉(lù)竹:即"绿竹"。

④斐:文质彬彬、才华丰茂的样子。

⑤如切如磋:好像对骨器、象牙器进行切割、磋光一样。

⑥如琢如磨:好像对玉石进行雕琢、打磨一样。以上两句比喻君子对道德修养的精益求精。

⑦瑟兮僩(xiàn)兮:庄重而又威武。

⑧赫兮喧兮:光明焕赫。喧,通"煊"。

⑨諠(xuān)：忘记。
⑩恂栗：本意是恐惧，引申为恭敬而谨慎。

《诗经·卫风·淇奥》篇说："看那淇水河边弯曲的地方，绿竹青青多么茂盛。有位文质彬彬的君子，他对道德修养如同切磋骨器象牙、琢磨玉石一般精益求精。他庄重又威严，光明又煊赫。文质彬彬的君子啊，终究不能忘记他！"诗中的"如切如磋"，是指讲求学问；"如琢如磨"，是指提高修养德行；"瑟兮僩兮"，是指恭敬而谨慎；"赫兮喧兮"，是指仪表威严；"有斐君子，终不可谖兮"，是指道德修养达到了最高的境界，民众当然不会忘记他。

《诗》云①："於戏②！前王不忘③。"君子贤其贤而亲其亲，小人乐其乐而利其利，此以没世不忘也④。

①此处所引诗句，出自《诗经·周颂·烈文》。
②於戏(wūhū)：即"呜呼"，感叹词。
③前王：指周文王和周武王。
④没世：终生、一辈子。

《诗经·周颂·烈文》篇说："啊！从前周文王、周武王的恩泽永不会被人遗忘。"后代的君主效法先王敬重贤人，爱护亲人，使得百姓小民也能享受他们的快乐，得到他们的利益，所以先王虽已去世，人们仍一辈子不忘怀。

右传之三章，释"止于至善"。（朱熹说，上面是传文的第三章，是解释"止于至善"的。）

第四章　释"本末"

本章征引孔子的言谈，论述明德是根本，听讼是末节的道理，说明自己先修养品德，再用美德去感化百姓，是当务之急。

子曰①："听讼②，吾犹人也③。必也使无讼乎④！"无情者⑤，不得尽其辞⑥。大畏民志⑦,此谓知本⑧。

①子:指孔子。孔子的这句话见《论语·颜渊》。
②听讼:听取诉讼,审理案件。
③犹人:同别人一样。
④无讼:杜绝诉讼案件的发生。
⑤无情:不是实情。
⑥辞:指辩解的花言巧语。
⑦畏:让人敬畏。
⑧本:根本。

　　孔子说:"审理案件,我和别人没什么区别。我不同于他人之处,是希望天底下杜绝诉讼案件的发生。"如何才能做到这一点呢?就是让那些不讲实话、不说实情的人,不敢讲出他用以辩解的花言巧语。要让民心敬畏德行,不敢争讼,这才叫从根本入手。

右传之四章,释"本末"。(朱熹说,以上是传文的第四章,是用来解释"本末"的。)

第五章　释"格物致知"

　　由于缺佚,本章的主题很难表述。朱熹的补文主要阐述了"格物致知"是为学之"根本",必须与修养自身品德相结合。

　　此谓知本①。此谓知之至也②。

①此谓知本:这句与上一章的末句重复,大概是衍文。
②此谓知之至也:从全书的体例和这句的语气上推断,这一句是一段文字之后的结束语,前面应有一段传文,可能是在流传的过程中遗失了。朱熹就说:"此句之上别有阙文,此特其结语耳。"朱熹并且推断出,所缺的一段就是解释"格物致知"之义的。于是他自己补作了一段,补入《大学》本文。朱熹所补虽非原文,但对《大学》的完整性有一定裨益,故录于下面,加以翻译。

这才叫从根本入手。这才叫认识事物的最高境界。

朱熹按语

右传之五章,盖释"格物致知"之义,而今亡矣。闲尝窃取程子之意以补之,曰:"所谓致知在格物者,言欲致吾之知,在即物而穷其理也。盖人心之灵,莫不有知,而天下之物,莫不有理。惟于理有未穷,故其知有不尽也。是以《大学》始教,必使学者即凡天下之物,莫不因其已知之理,而益穷之,以求至乎其极。至于用力之久,而一旦豁然贯通焉,则众物之表里精粗无不到;而吾心之全体大用无不明矣。此谓物格,此谓知之至也。"(朱熹说,上面是传文的第五章,大概是解释"格物致知"之义的,今天已经遗失了。闲暇之时,我曾经私自依据程颐先生的观点加以补充如下:"经文中所说的'致知在格物',意思是说,要想让我们自己认识事物很明确,就应该接触外界的事物并且极力探究其中的道理。大概因为人的本性都具有灵敏的特点,所以没有谁不具有认识外物的能力,而天下的事物,也没有不蕴含道理的。只是由于人们对事物所蕴含的道理没有彻底弄清楚,所以人的认识才有不完全的时候。因此,《大学》之书开始教导人,就务必使学习的人对凡是天底下的事物,无不根据自己已经掌握的道理,去进一步探究它,以期达到认识的极限。如此长久地苦下功夫,终有一天会豁然开朗,并且融会贯通。这样一来,众多事物的表面现象与实质、精妙与粗浅等,就无不了解;而自己在认识全局、学以致用方面,也就无不明察了。这就叫做事物之理已明,这就叫做认识事物的最高境界。")

第六章 释"诚意"

题解

本章的主题是"诚意",它上承"致知格物",下启"正心、修身、齐家、治国、平天下",是《大学》全篇的关键。全章用比喻的手法阐述诚意的必要性,说明诚意是界定君子和小人的试金石。

原文

所谓诚其意者①,毋自欺也②。如恶恶臭③,如好好色④,此之谓自谦⑤,故君子必慎其独也。小人闲居为不善,无所不至;见君子而后厌然⑥,揜其不善⑦,而著其善⑧。人之视己,如见其肺肝然,则何益矣。此谓诚于中⑨,形于外,故君子必慎其独也。曾子曰⑩:"十目所视,十手所指,其严乎⑪!"富润屋,德润身,心广体胖⑫,故君子必诚其意。

注释

①诚其意:使意念诚实。
②毋(wù):不要。
③恶(wù)恶臭(xiù):讨厌难闻的气味。

④好(hào)好色:喜欢漂亮的女子。色,女色,女子。
⑤谦:满足,满意。
⑥厌(yā)然:封闭掩藏的样子。
⑦揜(yǎn):同"掩",掩藏。
⑧著:彰显,彰明。
⑨中:心中,内心。
⑩曾子:曾参,孔子的弟子,《大学》的作者。
⑪其(qí):恐怕,大概。
⑫胖(pán):舒适安泰。

所谓使意念诚实,就是指不要自我欺骗。如同讨厌难闻的气味,如同喜欢漂亮的女子一样,发自内心,这才叫自我满足,心安理得。所以君子务必谨慎地对待自己的独处。那些道德修养不高的小人在闲居之时,什么坏事都能干出来。可是当他们看到道德修养高的君子时,又将自己伪装起来,将不好的勾当掩藏起来,而设法彰显自己的美德。但是,别人看待那些小人,就如同看到了他们的心肝肺腑一样清楚,这对他们又有什么好处呢?这就叫做诚意在心中,表现在外部,所以君子务必谨慎地对待自己的独处。曾子说:"那些小人,十几双眼睛在盯着他,十几双手指在指着他,这不是很严重的事吗?"财富可以装饰屋宇,使其富丽堂皇,品德可以修养人的身心,使人变得高尚,心胸开阔,身体安康,所以君子务必使自己意念诚实。

右传之六章,释"诚意"。(朱熹说,上面是传文的第六章,是解释"诚意"的。)

第七章　释"正心修身"

本章阐述了正心修身的关键。因为心是身体的灵魂,是主宰,所以必须不断自我净化心灵,才能提高品德修养。

所谓修身在正其心者,身有所忿懥①,则不得其正;有所恐惧,则不得其正;有所好乐②,则不得其正;有所忧患,则不得其正。心不在焉③,视而不见,听而不闻,食而不知其味。此谓修身在正其心。

①身:当作"心"。 忿懥(zhì):愤怒。

②好乐:爱好和享乐。

③焉:这里。

所谓修身在于端正自己的内心世界,是因为心中如果有所愤怒,那么就不能端正心态;心中如果有所恐惧,那么就不能端正心态;心中如果沉湎于爱好和享乐,那么就不能端正心态;心中假若有所忧患,那么就不能端正心态。如果心态不端正、不安定,精力不集中,那么就会视而不见,听而不闻,东西吃到嘴巴里也不知道是什么味道。所以才说修身在于端正心态。

右传之七章,释"正心修身"。(朱熹说,上面是传文的第七章,是解释"正心修身"的。)

第八章　释"修身齐家"

本章阐述的是修身与齐家之关系。在《大学》八条目中,格物、致知、正心、诚意,为的是修身,而只有完成了修身,才能齐家、治国、平天下。用主观上的好恶不同而容易导致偏见为例,说明修身是齐家之前提。

所谓齐其家在修其身者,人之其所亲爱而辟焉①,之其所贱恶而辟焉,之其所畏敬而辟焉,之其所哀矜而辟焉②,之其所敖惰而辟焉③。故好而知其恶④,恶而知其美者⑤,天下鲜矣。故谚有之曰:"人莫知其子之恶,莫知其苗之硕⑥。"此谓身不修不可以齐其家。

①之:对于。 辟:通"僻",偏见,不公正。

②哀矜:怜悯。

③敖惰:傲慢而怠惰。敖,通"傲"。

④好(hào):喜爱。

⑤恶(wù):厌恶。

⑥硕:大。这里指禾苗茁壮。

中国家庭基本藏书

之所以说要搞好家政,在于提高自身的品德修养,是因为人们对于他所亲爱的人,往往存有偏爱,对于他所鄙视和厌恶的人,往往存有偏见,对于他所敬畏的人,往往存有偏颇,对于他所怜悯的人,往往存有偏心,对于他所讨厌的傲慢而怠惰的人,往往存有偏激。因此说,喜欢一个人而能了解他的缺点,厌恶一个人而能了解他的优点,这样的人,天底下很少见了。所以民间才有这样的谚语:"溺爱自己子女的人看不到孩子的缺点,贪心不足的农夫看不到自己禾苗的苗壮。"这就是自身品德不提高,便不可以搞好家政的道理。

右传之八章,释"修身齐家"。(朱熹说,上面是传文的第八章,是解释"修身齐家"的。)

第九章 释"齐家治国"

题解

本章阐述了治国与齐家的关系,说明家国一理,治家的原则也即治国的原则,所以"不出家而成教于国"。治国的重点在于修身齐家,品行修养好了,家政搞好了,国家自然安定团结。

原文

所谓治国必先齐其家者,其家不可教而能教人者,无之。故君子不出家而成教于国①。孝者,所以事君也;弟者②,所以事长也;慈者,所以使众也。《康诰》曰③:"如保赤子④。"心诚求之,虽不中⑤,不远矣。未有学养子而后嫁者也。一家仁,一国兴仁;一家让,一国兴让;一人贪戾,一国作乱。其机如此。此谓一言偾事⑥,一人定国。尧舜帅天下以仁⑦,而民从之。桀纣帅天下以暴,而民从之。其所令,反其所好,而民不从。是故君子有诸己,而后求诸人;无诸己,而后非诸人。所藏乎身不恕,而能喻诸人者,未之有也。故治国在齐其家。

①成教:成功地施行教化。
②弟:同"悌"(tì),封建伦理中指弟弟对兄长应有的尊重态度。
③《康诰》:《尚书》中的篇名。
④赤子:初生的婴儿。婴儿刚生下肤色发红,故名。
⑤中(zhòng):符合。
⑥偾(fèn)事:败坏事情。

⑦帅:同"率",率领。

之所以说管理好国家,一定要首先搞好家政,那是因为,连自己家里的人尚且教育不好而能教育别人,那是没有的事。因此说,君子的品德修养好了,家政也搞好了,即使是不出家门,也可以完成对全国人民的教化。因为在家中对父母所尽的孝道,就可以用来在邦国中侍奉上级;在家中对兄长应有的正确态度,就可以用来侍奉尊长;在家中对子女的慈爱,就可以用来在邦国中役使民众。《尚书·康诰》中说:"保护民众要如同保护刚生下的婴儿一样。"如果诚心诚意去尽力保护,即使不完全符合要求,也不会相差太远。日常生活中还没有见过先学习抚养孩子然后再出嫁的女人。在家推行仁爱,全国都会仁爱成风;在家推行礼让,全国都会礼让成风。国君一人贪婪暴戾,那么全国的民众都会起来作乱。事物的关键就在于此。这就是所说的一句话可以败坏事情,一个人可以安邦定国的道理。尧和舜以仁政统治天下,民众都跟随着施行仁爱。桀和纣以暴政统治天下,民众都跟着为非作歹。自己下达了命令,所作所为又与命令相反,民众不会听从这样的命令。所以有德行的君子自己首先做到,然后才去要求别人;自己不去做坏事,然后才去责备做坏事的人。如果自身隐藏着不行恕道的念头,却能晓谕他人推行恕道,这是从未有过的事。因此说,要想治理好国家,前提就在于搞好家政。

《诗》云①:"桃之夭夭②,其叶蓁蓁③。之子于归④,宜其家人⑤。"宜其家人,而后可以教国人。《诗》云:"宜兄宜弟⑥。"宜兄宜弟,而后可以教国人。《诗》云⑦:"其仪不忒⑧,正是四国⑨。"其为父子兄弟足法,而后民法之也。此谓治国在齐其家。

①这里的诗句出自《诗经·周南·桃夭》。
②夭夭(yāo):形容鲜艳的桃花。
③蓁蓁(zhēn):形容茂盛的桃树叶。
④之子:这个女子。 于归:指女子出嫁。
⑤宜:和睦。
⑥宜兄宜弟:兄弟之间要团结和睦。这句诗出自《诗经·小雅·蓼萧》。
⑦这两句诗出自《诗经·曹风·鸤鸠》。
⑧忒:差错。
⑨四国:四面八方的邦国。

译文

《诗经·周南·桃夭》篇说:"鲜艳的桃花盛开了,桃树的叶子多茂盛。这个女子出嫁了,美满和睦一家人。"一个家族的人和睦美满,然后才可以教化全国的民众。《诗经·小雅·蓼萧》篇说:"兄弟之间,团结和睦。"只有家族内的兄弟之间和睦团结,然后才可以教化全国的民众。《诗经·曹风·鸤鸠》篇说:"国君的礼仪没有差错,才可以统治四方的邦国。"国君要使自己家族内的父、子、兄、弟都合乎道德规范,然后民众才能去效法他们。这就叫做治理国家首先在于搞好家政。

本意提读

右传之九章,释"齐家治国"。(朱熹说,以上是传文的第九章,是解释"齐家治国"的。)

第十章 释"治国平天下"

题解

本章是《大学》的最后一章,从各个层面、各个角度,深入阐述治国平天下的原则和方式方法,论说广博,意义深远。

原文

所谓平天下在治其国者,上老老而民兴孝①,上长长而民兴弟②,上恤孤而民不倍③,是以君子有絜矩之道也④。所恶于上⑤,毋以使下;所恶于下,毋以事上;所恶于前,毋以先后;所恶于后,毋以从前;所恶于右,毋以交于左;所恶于左,毋以交于右。此之谓絜矩之道。

注释

①老老:尊敬年老的人。
②长长(zhǎngzhǎng):敬重长者。
③倍:同"背",违背。
④絜(xié)矩:儒家的伦理思想。"絜"是度量之意,"矩"是制作方形的工具。象征道德上的示范作用。
⑤恶(wù):厌恶。此下几个"恶"字,均为此意。

译文

之所以说使天下太平的根本在于治理好国家,是因为处在统治地位的君主若敬重年老的人,那么民众中便会孝敬成风,君主若敬重长者,那么民众中便会敬重长者成风,君主若体恤救助孤儿,那么民众便不会违背这一公德,因此说,国君有在道德方面起示范作用的义务。自己若厌恶处在上位的人的作为,就不要让处在

146

下位的人去干这些事；自己若厌恶处在下位的人的作为，就不要用这些事去侍奉上级；自己若厌恶前面的人的作为，就不要将这些作为加在后面的人的身上；自己若厌恶后面的人的作为，就不要拿后面人的作为来对待前面的人；自己若厌恶在右边的人的作为，就不要将右边人的作为强加给左边的人；自己若厌恶在左边的人的作为，就不要将左边人的作为强加给右边的人。这就是君子推己及人在道德上所起的示范作用。

《诗》云①："乐只君子②，民之父母。"民之所好好之，民之所恶恶之，此之谓民之父母。《诗》云③："节彼南山，维石岩岩④。赫赫师尹⑤，民具尔瞻⑥。"有国者不可以不慎，辟则为天下僇矣⑦。《诗》云⑧："殷之未丧师⑨，克配上帝⑩。仪监于殷⑪，峻命不易⑫。"道得众，则得国；失众，则失国。是故君子先慎乎德。有德此有人，有人此有土，有土此有财，有财此有用。德者，本也。财者，末也。外本内末⑬，争民施夺⑭。是故财聚则民散，财散则民聚。是故言悖而出者⑮，亦悖而入；货悖而入者，亦悖而出。

①此处所引诗句出自《诗经·小雅·南山有台》。
②乐(lè)只君子：欢乐的国君。只，语气助词。
③此处所引诗句出自《诗经·小雅·节南山》。
④岩岩：岩层高耸的样子。
⑤师尹：太师尹氏。
⑥具：通"俱"，都。
⑦僇(lù)：通"戮"，本意是杀戮，引申为推翻。
⑧此处所引诗句出自《诗经·大雅·文王》。
⑨丧师：丧失众人，引申为失去民心。
⑩克配：能够配合。
⑪仪监：原诗作"宜鉴"，宜以……为借鉴。
⑫峻命：大命。
⑬外本内末：将道德这个根本作为外，将财富这个枝叶作为内，主次颠倒，本末倒置。
⑭争民：使民众争夺。施夺：进行掠夺。
⑮悖(bèi)：违背、不合乎正理。

《诗经·小雅·南山有台》中说："快乐美好的国君，犹如百姓的父母。"民众所喜欢的，国君也喜欢，民众所厌恶的，国君也厌恶，这样的国君就叫百姓的父母。《诗经·小雅·节南山》中说："巍峨高耸的终南山，山势高峻不可攀。赫赫有名的太师尹氏,百姓民众都瞻仰着他。"处于上位的国君不可以不谨慎,一旦偏僻不公正,就会为天下的人所推翻。《诗经·大雅·文王》中说:"殷朝的先王没有丧失民心,能够配享上帝的荣耀。周朝应该以殷朝为借鉴,保住天命的大位真不容易。"君主若有道,就能取得民众的拥护,就能保住国家政权;若失去民众的拥护,就会失去国家政权。因此说,国君应首先谨慎品德的培养。有了品德,才能得民心,有了民心,才能有国土,有了国土,才能拥有财富,有了财富,才能拥有国家的用度。品德,是根本;财富,是末梢。如果以根本为外,而以末梢为内,内外颠倒,本末倒置,那么就会使民众为财富而争夺抢掠。所以说,财富聚集起来了,民心却散了,财富分散给大家,民心却凝聚起来了。因此,君主出言若有悖于常理,那么民众也会以悖于常理的话回敬他。君主若悖于常理搜刮财富,终会被民众用悖于常理的方式掠夺走。

原文

《康诰》曰:"惟命不于常①。"道善则得之,不善则失之矣。《楚书》曰②:"楚国无以为宝,惟善以为宝。"舅犯曰③:"亡人无以为宝④,仁亲以为宝。"《秦誓》曰⑤:"若有一个臣,断断兮⑥,无他技,其心休休焉⑦,其如有容焉⑧。人之有技,若己有之;人之彦圣⑨,其心好之,不啻若自其口出。实能容之,以能保我子孙黎民,尚亦有利哉。人之有技,媢疾以恶之⑩;人之彦圣,而违之俾不通⑪,实不能容,以不能保我子孙黎民,亦曰殆哉。"唯仁人放流之,迸诸四夷⑫,不与同中国。此谓唯仁人为能爱人,能恶人。见贤而不能举,举而不能先,命也。见不善而不能退,退而不能远,过也。好人之所恶,恶人之所好,是谓拂人之性⑬,灾必逮夫身。

注释

①常:常规。
②《楚书》:指《国语》中的《楚语》,记载春秋时期楚国的历史,计二卷十八篇。
③舅犯:狐偃,字子犯,是晋文公重耳的舅舅,故称"舅犯"。
④亡人:流亡在外的人,指重耳。
⑤《秦誓》:《尚书》中的篇名。
⑥断断兮:忠诚老实的样子。
⑦休休:平易宽广的样子。
⑧有容:能宽容他人。
⑨彦圣:指美好的德行。
⑩媢(mào)疾:嫉妒。
⑪俾(bǐ):使。
⑫迸:通"屏",驱逐。 四夷:东夷、西戎、南蛮、北狄,古代对四方边境少数民族的泛称。

⑬拂：违背。

《尚书·康诰》篇说："只有天命没有固定的常规。"道德修养好就能得到天命，道德修养差就会失去天命。《国语·楚语》中说："楚国不以璧玉为宝贝，而只以观射父、左史倚相这两个善人为宝贝。"舅犯说："在外流亡的人没有什么宝贝，只能以仁爱亲近为宝贝。"《尚书·秦誓》篇说："如果有这么一个臣子，他只是忠诚老实，没有什么技能，他的心地宽厚善良，能够容纳他人。别人有技能，好像自己拥有一样高兴；别人有美好的德行，他不只是口头上说说喜欢而已。若能重用这种人，一定会保护我们的子孙和黎民百姓，而且会替他们谋利益。若另外有一种人，别人有才能，他嫉妒憎恶，别人有美好的德行，他故意刁难压制，不让国君了解，这种人不可重用。因为他不能保护我们的子孙和黎民百姓，也可称得上是危险了。"只有仁德的国君才能将这些小人流放，驱逐到四夷边远之地，不让他们与中原之人同居一处。这是说只有仁德的人能够爱护善人，能够憎恶小人。见到贤能的人而不能加以举荐，即使举荐了也不能尽早重用，这是用怠慢的态度对待贤能的人。看到不善的人而不能辞退，即使辞退了也不能让他远离，这是政治上的过错。喜欢大家所厌恶的，厌恶大家所喜欢的，这叫做违背人的本性，这样一来，灾难必定会降临到身上。

是故君子有大道，必忠信以得之，骄泰以失之。生财有大道，生之者众，食之者寡，为之者疾①，用之者舒②，则财恒足矣。仁者以财发身，不仁者以身发财。未有上好仁，而下不好义者也；未有好义，其事不终者也；未有府库财，非其财者也。孟献子曰③："畜马乘④，不察于鸡豚⑤。伐冰之家⑥，不畜牛羊。百乘之家⑦，不畜聚敛之臣。与其有聚敛之臣，宁有盗臣⑧。"此谓国不以利为利，以义为利也。长国家而务财用者⑨，必自小人矣。彼为善之，小人之使为国家，灾害并至，虽有善者，亦无如之何矣⑩。此谓国不以利为利，以义为利也。

①疾：迅速。
②舒：舒缓适度。
③孟献子：鲁国大夫，姓仲孙，名蔑。
④畜马乘(shèng)：指初当大夫的人。畜，豢养。乘，古代一车四匹马叫一乘。
⑤鸡豚(tún)：鸡和小猪。
⑥伐冰之家：代指卿大夫。古代卿大夫丧祭之时有用冰的特权，故以"伐冰之家"代指卿大夫。

⑦百乘之家：拥有一百辆四匹马拉的车的卿大夫。

⑧盗臣：盗窃府库财物的家臣。

⑨长(zhǎng)国家：为国家之长，即君主。

⑩无如之何：没有什么办法。

所以说，君主应掌握为政以德这个根本原则。要依靠忠诚守信获得天下，若骄纵放肆，一定会失去天下。创造财富也有一条很重要的原则，这就是：要让生产财富的人多，消耗财富的人少；要让管理财富的人勤快，使用财富的人适度——这样一来，财富才能长久地保持充足。仁德的人利用财富完善自身的修养，不仁德的人不惜生命去聚敛财富。还没有发生过处在君位的人喜欢仁慈，但居于下位的人却不喜欢仁义这样的事；也没有发生过喜欢仁义而事业不能成功的事；更没有发生过人民爱好道义而国家府库中的财物不是国君的财物这样的事。孟献子说："拥有四匹马一车的大夫，就不去计较鸡和猪的数量。拥有伐冰特权的卿大夫，就不再畜养牛羊。拥有百辆车的卿大夫，就不再豢养那些只会聚敛财富的家臣。与其收养聚敛财富的家臣，还不如有盗窃府库的家臣。"这就叫做治国不立足于利来取利，而是立足于义来取利。作为一国之长的君主如果务求积聚财物，那一定是小人出的主意。国君施行善政，但却任用小人处理事务，那么灾难和祸害会一齐到来，到那时即使有善人贤者出来挽救，也没有什么办法可用了。这就说明治理国家不应立足于利来取利，而应立足于义来取利。

右传之十章，释"治国平天下"。凡传十章。前四章统论纲领旨趣；后六章细论条目功夫。其第五章乃明善之要；第六章乃诚身之本。在初学尤为当务之急，读者不可以其近而忽之也。（朱熹说，上面一段是传文的第十章，是解释"治国平天下"的。一共有传文十章。前四章是全面论述总纲和宗旨的；后六章是逐条细论学识素养的。其中第五章是阐明"至善"的要点；第六章是"修身诚意"的根本。这对初学者来说，尤为当务之急，读者切不可因为它浅近易懂就忽略而不深思。）

◎ 附 录

《大学》名言警句

△大学之道,在明明德,在亲民,在止于至善。(第133页)

△物有本末,事有终始,知所先后,则近道矣。(第133页)

△古之欲明明德于天下者,先治其国;欲治其国者,先齐其家;欲齐其家者,先修其身;欲修其身者,先正其心;欲正其心者,先诚其意;欲诚其意者,先致其知;致知在格物。(第133页)

△物格而后知至,知至而后意诚,意诚而后心正,心正而后身修,身修而后家齐,家齐而后国治,国治而后天下平。(第134页)

——以上《"经文"章》

△苟日新,日日新,又日新。(《第二章》)(第136页)

△为人君,止于仁;为人臣,止于敬;为人子,止于孝;为人父,止于慈;与国人交,止于信。(第137页)

△有斐君子,如切如磋,如琢如磨。(第138页)

——以上《第三章》

△富润屋,德润身,心广体胖,故君子必诚其意。(《第六章》)(第141页)

△心不在焉,视而不见,听而不闻,食而不知其味。(《第七章》)(第142页)

△人莫知其子之恶,莫知其苗之硕。(《第八章》)(第143页)

△是故君子有诸己,而后求诸人;无诸己,而后非诸人。(《第九章》)(第144页)

△有德此有人,有人此有土,有土此有财,有财此有用。(第147页)

△仁者以财发身,不仁者以身发财。(第149页)

——以上《第十章》

《大学》重要研究著作

《小戴礼记·大学篇》 [汉]戴圣撰,有中华书局《十三经注疏》本。

《二程集·大学解》 [宋]程颢、程颐撰。《大学》本是《小戴礼记》中的一篇,汉武帝之时,随《礼记》成为"五经"之一而进入官学。宋代之前并不单行,宋人将其从

《礼记》中抽出来才成为单行本。程颢、程颐兄弟将它整理编次,与《中庸》、《论语》、《孟子》合在一起,叫做"四书"("四书"之名,肇始于此)。

《四书章句集注》 [宋]朱熹撰。朱熹是南宋的大理学家,他继承和发扬了"二程"的思想,倾其一生心血为《大学》、《中庸》、《论语》、《孟子》作注,这就是著名的《四书章句集注》。对于《大学》,他用力尤多,直至去世前,仍在修改。经过朱熹的注释和阐述,《大学》已与《小戴礼记·大学篇》之精神有所不同。《小戴礼记·大学篇》所反映的是秦汉之际儒学的政治观点,侧重于为政治民,治国平天下。而朱熹所注之《大学》,反映的则是宋代儒学的政治观,侧重于诚意修身。因此,朱熹所注的《大学》,深深地打上了"朱学"之烙印。

《大学纂疏》 [宋]赵顺孙撰。有华东师范大学出版社本。

《大学演说》 [宋]蔡模撰,《大学纂疏》引。

《大学思问》 [宋]蔡渊撰,《大学纂疏》引。

《诸经讲义》 [宋]黄榦撰,《大学纂疏》引。

《大学讲义》 [宋]陈孔硕撰,《大学纂疏》引。

《大学口义》 [宋]陈淳撰,《大学纂疏》引。

《大学衍义》 [宋]真德秀撰,四十三卷。以《大学》为本,援引儒家典籍和史事,并附己说,讲修身、齐家、治国之道。明代丘濬曾加增补,分十二目,一百六十卷。有四部丛刊本。

《四书遇》 [清]张岱撰,有浙江古籍出版社本。

《十三经注疏》 [清]阮元撰,有中华书局本。

《群经平议》 [清]俞樾著,有"俞氏丛书"本。

《四书读本》 蒋伯潜撰,浙江人民出版社出版。

《十三经概论》 蒋伯潜撰,上海古籍出版社出版。

《四书全译》 夏廷章等译,江西人民出版社出版。

《白话四书》 黄朴民等译,三秦出版社出版。

《四书译注》 乌恩溥译,吉林文史出版社出版。

《大学直解》 来可泓撰,复旦大学出版社出版。

中 庸

[战国]子思等　撰

马银华　译注

◎朱熹《中庸章句》序

    《中庸》何为而作也？子思子忧道学之失其传而作也。盖自上古圣神，继天立极，而道统之传，有自来矣。其见于经，则"允执厥中"者，尧之所以授舜也。"人心惟危，道心惟微，惟精惟一，允执厥中"者，舜之所以授禹也。尧之一言，至矣，尽矣！而舜复益之以三言者，则所以明夫尧之一言，必如是而后可庶几也。

    盖尝论之，心之虚灵知觉，一而已矣，而以为有人心道心之异者，则以其或生于形气之私，或原于性命之正，而所以为知觉者不同，是以或危殆而不安，或微妙而难见耳。然人莫不有是形，故虽上智，不能无人心，亦莫不有是性；故虽下愚，不能无道心。二者杂于方寸之间，而不知所以治之，则危者愈危，微者愈微，而天理之公，卒无以胜夫人欲之私矣。精则察夫二者之间而不杂也，一则守其本心之正而不离也。从事于斯，无少间断，必使道心常为一身之主，而人心每听命焉，则危者安，微者著，而动静云为，自无过不及之差矣。夫尧、舜、禹，天下之大圣也。以天下相传，天下之大事也。以天下之大圣，行天下之大事，而其授受之际，丁宁告戒，不过如此，则天下之理，岂有以加于此哉？自是以来，圣圣相承，若成汤、文、武之为君，皋陶、伊、傅、周、召之为臣，既皆以此而接夫道统之传，若夫吾子，则虽不得其位，而所以继往圣、开来学，其功反有贤于尧、舜者。然当是时，见而知之者，惟颜氏、曾氏之传得其宗，及曾氏之再传，而复得夫子之孙子思，则去圣远而异端起矣。子思惧夫愈久而愈失其真也，于是推本尧、舜以来相传之意，质以平日所闻父师之言，更互演绎，作为此书，以诏后之学者。盖其忧之也深，故其言之也切；其虑之也远，故其说之也详。其曰"天命率性"，则道心之谓也；其曰"择善固执"，则精一之谓也；其曰"君子时中"，则执中之谓也。世之相后，千有余年，而其言之不异，如合符节。历选前圣之书，所以提挈纲维，开示蕴奥，未有若是之明且尽者也。自是而又再传以得孟氏，为能推明是书，以承先圣之统，及其没而遂失其传焉。则吾道之所寄，不越乎言语文字之间，而异端之说，日新月盛，以至于老佛之徒出，则弥近理而大乱真矣。然而尚幸此书之不泯,故程夫子兄弟者出,得有所考,以续夫千载不传之绪;得有所据,以斥夫二家似是之非。盖子思之功,于是为大,而微程夫子,则亦莫能因其语而得其心也。惜乎!其所以为说者不传,而凡石氏之所辑录,仅出于其门人之所记,是以大义虽明,而微言未析。至其门人所自为说,则虽颇详尽而多所发明,然倍其师说而淫于老佛者,亦有之矣。

熹自蚤岁,即尝受读而窃疑之,沉潜反复,盖亦有年,一旦恍然似有以得其要领者,然后乃敢会众说而折其中,既为定著章句一篇,以俟后之君子。而一二同志,复取石氏书,删其繁乱,名以《辑略》,且记所尝论辩取舍之意,别为《或问》,以附其后。然后此书之旨,支分节解,脉络贯通,详略相因,巨细毕举,而凡诸说之同异得失,亦得以曲畅旁通,而各极其趣。虽于道统之传,不敢妄议,然初学之士,或有取焉,则亦庶乎行远升高之一助云尔。淳熙己酉春三月戊申,新安朱熹序。

译文

《中庸》一书的创作目的是什么?是子思先生担忧道学因时间久远而失传创作的。大概从上古时代的圣人神人继承天命、创立皇极开始,道统的传授就有了。“中庸”在经书中的最早出现,是《论语·尧曰篇》引《尚书》“允执厥中”这句话,是尧传授给舜的。舜又将“人心惟危,道心惟微,惟精惟一,允执厥中”这四句传授给禹。尧的一句话,已经将中庸概括得很精粹、很全面了,可是舜又在此基础上增加了三句话,为什么?是用来说明尧的那一句话,必须经过这三句话所说的境界,才差不多可以实现。

我曾经对此有过论述,认为人心的虚灵和知觉,是相同的,有人认为人心和道心是不同的,那是因为他们认为人心生于形和气,属于“私”,而道心则源于本性和天命,属于“正”,因此这二者表现在“知”和“觉”上是不相同的,所以或者危险而不安全,或者微妙而不可见。但是人都是有形体的,所以即使是上等的智者,也不能没有人心,也无不有人性;即使是下等的愚者,也不能无道心。人心和道心混杂在心灵的方寸之间,却不知道如何驾驭统治它们,那么危险的愈加危险,微妙的愈加微妙,而属于“公”的天理,最终也无法战胜那属于“私”的人欲。所谓“精”,就是审察人心、道心二者之间的区别而不相混杂,所谓“一”,就是保持自己的本心端正而不偏离。长期这样坚持而无片刻间断,一定会使道心长期成为一身的主宰,而人心却每每听从道心的命令,那么危险的便安全了,微妙的便显著了,动和静适当恰切,自然没有“过”或者“不及”的差别。

尧、舜、禹,是天下的大圣人。他们将天下相禅让,是天下的大事情。凭天下的大圣人,去履行天下的大事情,可是在他们接受交接之际,还反复叮咛告诫,不外乎是"允执厥中"的中庸之道,那么天下的道理,难道还有能超过中庸的吗?从尧、舜、禹以来,圣人就与圣人承接,比如成汤、周文王、周武王的作为君主,皋陶、伊尹、傅说、周公、召公的作为人臣,都能用中庸之道承接道统的流传。又如我们的先生孔子,他虽然没有得到天子之位,但是他坚持中庸之道,继承先前的圣人,开启后来的学说,其功劳反而比尧、舜还多一些。可是在当时,能够亲聆教诲的人,只有颜回、曾参承传了他的正宗。等到曾参的再传弟子这一代,其中包括孔子的孙子子思,这时离圣人的时代已经很远而各种异端邪说也兴起来了。子思担心时间愈久而愈发失去真实,于是推究尧、舜以来代代相传的本意,又用平时所听到的父亲、老师的言语加以验证,互相推理、演绎,写成《中庸》一书,用以诏告后代的学者。大概是因为他的忧思很深,所以他的言辞才十分恳切;他的思虑十分长远,所以他的解说十分详尽。他所说的"天命率性",就是指"道心";他所说的"择善固执",就是指"精一";他所说的"君子时中",就是指"执中"。时代再往后相传,有一千多年,而子思的话没有发生变异,好像符节一般相合。选择前代圣贤的书,能够做到提纲挈领,开启、展示深奥道理的,没有像《中庸》这样又明白又详尽的了。从子思往下再传,到了孟轲,孟轲也能推广、阐明《中庸》一书,而承接前一代圣人的道统。等孟轲去世之后,中庸之道便失传了。那么,我们道学的理论寄托,不超过《中庸》一书的言语和文字了。可是异端邪说,日新月异,等到道教、佛教的徒众出现,他们用貌似正确的言论,大大扰乱了中庸之道。然而尚可侥幸的是,《中庸》一书没有泯灭。所以程颢、程颐两兄弟出来,能够有所考证,从而延续了千年不传的事业;能够有所依据,从而驳斥道教、佛教的似是而非。由此说来,子思的功劳,在承传方面是很大的,但是若没有程颢、程颐先生,我们也还是不能依据子思的言语而进入他的内心。尤为可惜的是,程颢、程颐先生阐述中庸之道的论说没有流传下来,虽然有石墪先生所辑录的《中庸集解》,但那仅仅是他学生的记录,所以中庸的大义虽然明白,但细节未能条分缕析;至于程先生的学生所自创的学说,虽然也颇为详尽并且多有新的创见,可是背离老师的学说而倾向于道家和佛家的情况,也是存在的。

我在早年就曾接触、阅读《中庸》,私下有所疑惑,深入地反复思考,也有好多年了。有朝一日,恍然大悟,好像对它的要领有所心得,从此之后,才敢会集众家之说而加以分析折中,最终写定《中庸章句》一篇,等待后来的君子加以斧正。而与我志同道合的几个朋友,又取来石墪先生的《中庸集解》一书,删去它繁琐杂乱的地方,定名为《中庸辑略》,并且又将平时曾用以论辩和取舍的意见记录下来,另取名为《或问》,附录在书后。这样一来,《中庸》这本书的要旨,支流分明,节目分解,脉络贯通,详略相连,大小道理全部包容,而所有各种观点的同异得失,也得以全面通畅,触类旁通,并且各尽其趣。我的作为,虽然对于道统的承传,不敢妄加议论,可是对于初学道统的人士,或者有所帮助,也就是给行远路的人、登攀高峰的人增添一点小小助力而已。宋孝宗淳熙己酉年(1189)春三月戊申(十八日),新安人朱熹序。

◎《中庸》程子提示

原文

　　子程子曰：不偏之谓中，不易之谓庸；中者，天下之正道，庸者，天下之定理。此篇乃孔门传授心法①，子思恐其久而差也②，故笔之于书③，以授孟子④。其书始言一理，中散为万事，末复合为一理。放之则弥六合⑤，卷之则退藏于密⑥。其味无穷，皆实学也。善读者玩索而有得焉⑦，则终身用之，有不能尽者矣。

注释

　　①心法：用心所得的方法，不同于用笔墨所得。
　　②子思：姓孔名伋，战国初年哲学家，孔子的孙子。
　　③笔：记录。
　　④孟子：战国时哲学家、教育家，儒家学派的承前启后者。
　　⑤弥六合：塞满天地四方。
　　⑥密：隐密。指内心深处。
　　⑦玩索：玩味、探索。

译文

　　老师程颐先生说：不偏不倚叫做"中"，不变不更叫做"庸"；"中"是天下的正道，"庸"是天下的定理。《中庸》一篇是孔子门徒传授心得体会方法的结晶，子思担心年代久远会有差错，因而记录成书，又传授给孟子。这部书一开始只阐述一个道理，中间分散成各种事体，末了又归纳到一个道理上来。这个道理散发开可塞满天地四方，收拢回来则又能隐藏于内心深处。它所蕴含的趣味是无穷无尽的，而且都是实在的学问。善于阅读的人玩味、探索之后必有所得，那么就可以终身使用，而且用之不竭。

◎《中庸》三十三章

第一章

【题解】

本章是《中庸》全书的纲领。点明"性"、"道"不可须臾离开自身,要从"戒慎"、"恐惧"、"隐"、"显"、"慎独"等方面培养自身的品德,掌握中庸之道,促成中和。

【原文】

天命之谓性①,率性之谓道②,修道之谓教。道也者,不可须臾离也③,可离非道也。是故君子戒慎乎其所不睹④,恐惧乎其所不闻。莫见乎隐⑤,莫显乎微,故君子慎其独也。喜怒哀乐之未发,谓之中⑥。发而皆中节⑦,谓之和⑧。中也者,天下之大本也⑨。和也者,天下之达道也⑩。致中和,天地位焉⑪,万物育焉⑫。

【注释】

①天命:由天所命,指自然形成的禀赋。
②率:遵循。 道:即人道,人们遵循理而行事。
③须臾(yú):一会儿,片刻。
④不睹:看不见的地方。
⑤见(xiàn):同"现",显现,体现。
⑥中:既不过分,也没有"不及",恰当。
⑦中(zhòng)节:符合法度。
⑧和:和谐,不乖戾。
⑨大本:大本源。
⑩达道:天下人的必经之路,也即普遍规律。
⑪位:安于所处的位置。
⑫育:成长发育,生生不息。

【译文】

自然形成的禀赋叫做人性,遵循各自的人性叫做道,修明并推广这些道叫做教化。道是片刻也不能离开的,可以离开的,就不叫道。因此,有道德修养的君子谨慎地对待大家看不见的地方,对大家听不到的地方也心有恐惧,不敢怠慢。没有比处在幽暗之中更为显现的了,没有比处在隐微之中更显明的了,所以有道德修养

中国家庭基本藏书

的君子谨慎地对待自己的独处。喜欢、愤怒、悲哀、快乐各种感情尚未表现出来,就叫做"中"。向外表露时,没有太过和不及,能合于自然之理,叫做"和"。"中"是天下的大本源,"和"是天下的普遍规律。能够达到"中和",那么天地便安处其位,万物便成长发育,生生不息。

右第一章,子思述所传之意以立言。首明道之本原出于天而不可易,其实体备于己而不可离,次言"存养省察"之要,终言"圣神功化"之极。盖欲学者于此反求诸身而自得之,以去夫外诱之私,而充其本然之善,杨氏所谓一篇之体要是也。其下十章,盖子思引夫子之言,以终此章之义。(朱熹说,上面是第一章,是子思传述孔子的意图而创立的学说。这一章首先阐明"道"的本源出于上天而不可变易,道的实体就存在于我们自身,不可分离;其次论说自我修养与反省的要点;最后点出"中和"的功效和极致。大概是想让学习的人从这里出发,再返回自身而领悟它的道理,从而摒弃外部引诱所产生的私欲,使天然的美好品德充实起来。正如杨时先生所说的,本章是全篇的纲要。以下十章,则是子思征引孔子的言论,来讲述本章的含义的。)

第二章

本章征引孔子的话,阐述君子与小人对中庸所持的不同态度及其原因。

仲尼曰①:"君子中庸②,小人反中庸。君子之中庸也,君子而时中③;小人之中庸也,小人而无忌惮也④。"

①仲尼:即孔子。孔子名丘,字仲尼。
②中庸:儒家的最高道德标准。"中"即折中,不偏不倚;"庸"即平常。
③时中:与时俱进,言行处处符合中庸之道。
④忌惮(dàn):顾忌和害怕。

孔子说:"君子的所作所为能符合中庸之道,小人的所作所为则违背中庸之道。君子对于中庸的道理能做到时时审察,随时而异,所以能达到中庸,言行符合中庸之道;小人对于中庸的道理,无所顾忌和害怕,因而恣意妄为。"

右第二章。(朱熹说,上面是第二章。)

160

第三章

本章征引孔子的话，赞美中庸之德，感叹人们很少能够长久做到。

子曰①："中庸其至矣乎②！民鲜能久矣③。"

①子：即孔子。孔子的这句话出自《论语·雍也》，原文是："子曰：'中庸之为德也，其至矣乎！民鲜久矣。'"
②至：极致，最顶点。
③鲜：少。

孔子说："中庸之道可以说是最高最好的道德标准了，可惜人们很少能够长久地做到。"

右第三章。（朱熹说，上面是第三章。）

第四章

本章征引孔子的话，进一步阐明中庸之道不彰明、不实行的原因，极言失去"中庸"之害。

子曰："道之不行也①，我知之矣。知者过之②，愚者不及也。道之不明也，我知之矣。贤者过之，不肖者不及也。人莫不饮食也，鲜能知味也③。"

①道：指中庸之道。
②知者：聪明的人。知，同"智"。
③味：滋味。引申为中庸之道所蕴含的精华。

孔子说："中庸之道不行于世，我知道其原因了。聪明的人往往超过了它的标

中国家庭基本藏书

准,而愚蠢的人又达不到它的标准。中庸之道不能显明于世,我知道其原因了。贤能的人往往超过了它的标准,而不贤能的人又达不到它的标准。一如人们没有不喝水、不吃饭的,但因为习以为常,已经很少有人能品出饮食的滋味了。"

右第四章。(朱熹说,上面是第四章。)

第五章

本章记述了孔子慨叹中庸之道在天下难以实行。

　　子曰:"道其不行矣夫①。"

①其:表示推测的语气助词。　矣夫(fú):语气助词,表示感叹;相当于现代汉语中的"啊"、"吧"。

　　孔子说:"中庸之道大概不能在世上实行了吧!"

右第五章。(朱熹说,上面是第五章。)

第六章

本章引孔子之言,论述智者舜能够实行中庸之道的原因。

　　子曰:"舜其大知也与①! 舜好问而好察迩言②,隐恶而扬善,执其两端③,用其中于民④,其斯以为舜乎!"

①舜:史称虞舜,名重华,传说中父系氏族社会后期的部落联盟首领。
②迩(ěr)言:浅显易懂的话,即百姓的话。
③两端:事物的两个极端,即"过"与"不及"。

④中：中庸。

孔子说："虞舜可称得上是个大智的人了吧！他喜欢对百姓的浅显易懂的话语进行审察，听到不合理的恶言便隐藏起来，听到合理的善言便加以宣扬。他能把握事物的"过"与"不及"这两个极端，而用中庸之道引导民众，这就是舜之所以成为舜的原因吧？"

右第六章。（朱熹说，上面是第六章。）

第七章

本章运用比兴的艺术手法，阐述人们为物质的私欲所笼罩而难行中庸之道。

子曰："人皆曰'予知'①，驱而纳诸罟擭陷阱之中②，而莫之知辟也③。人皆曰'予知'，择乎中庸而不能期月守也④。"

①予知：我是明智的。
②纳：本意是纳入，引申为落入。罟擭(gǔhuò)：泛指捕捉野兽的器具。罟是罗网的总称，擭是装有机关的捕兽木笼。
③辟：通"避"，逃避，躲避。
④期(jī)月：一整月。极言时间之短暂。

孔子说："人人都在说'我是明智的'，可是在利益的驱使下落入危机四伏的罗网或陷阱之中，连如何躲避都不知道。人人都在说'我是明智的'，可是选择了中庸之道后，连短暂的一个月都不能坚持下来。"

右第七章。（朱熹说，上面是第七章。）

第八章

本章盛赞颜回能够坚持实行中庸之道。

　　子曰:"回之为人也①,择乎中庸,得一善②,则拳拳服膺而弗失之矣③。"

①回:指颜回,字子渊,鲁国人,孔子最得意的学生。
②善:指中庸的道理。
③拳拳:牢牢把握而不舍弃。 服膺(yīng):牢记在心中。 弗:不。

　　孔子说:"颜回的为人处世是这样:选择中庸之道,能从中领悟到中庸的道理,便牢记在心中而不让它失去。"

右第八章。(朱熹说,上面是第八章。)

第九章

　　本章用极难做到的三件事,衬托中庸之道之易行,可是反过来讲,三者虽难,难而易;中庸虽易,易而难。

　　子曰:"天下国家可均也①,爵禄可辞也②,白刃可蹈也③,中庸不可能也④。"

①天下:指古代天子统治下的所有诸侯国。 国家:指古代天子分封的诸侯国。 均:平定治理。
②爵禄:爵位、俸禄。周代依照功劳的大小、地位的高下,分公、侯、伯、子、男五等爵制。
③白刃:明晃晃的快刀。 蹈:踩、踏。

④能：做到、实行。

孔子说："天下和国家是可以平定治理的，爵位和俸禄是可以推辞掉的，明晃晃的快刀是可以踩踏的，但中庸之道却是很难做到的。"

右第九章。（朱熹说，上面是第九章。）

第十章

本章论述孔子替子路分析君子之强与强者之强的相异之处，鼓励子路坚守中庸之道，达到君子之强。

子路问强①。子曰："南方之强与？北方之强与？抑而强与②？宽柔以教，不报无道③，南方之强也，君子居之。衽金革④，死而不厌，北方之强也，而强者居之。故君子和而不流⑤，强哉矫⑥！中立而不倚，强哉矫！国有道，不变塞焉⑦，强哉矫！国无道，至死不变，强哉矫！"

注释

①子路：姓仲，名由，字子路，鲁国人，孔子的学生。性好勇，故而问强。
②抑：抑或，表示选择。 而：你。
③报：报复。 无道：残暴无礼。
④衽(rèn)：本意是指卧席，引申为躺卧的意思。 金革：兵器和盔甲。
⑤和而不流：性格平和而不随波逐流。
⑥矫(jiǎo)：强盛的样子。
⑦塞：本意是阻滞，堵塞，引申为未显达时。

子路问孔子怎样才算是强。孔子说："你问的是南方的强呢？还是北方的强呢？或者是你自己的强呢？用宽厚柔顺的方法教化人，对残暴无礼的行为不施加报复，这是南方的强，君子用这种精神来指导自己的行为。长期枕着兵器、穿着盔甲睡觉的人，即使是战死沙场也不惧怕，这是北方的强，性格强悍的北方人用这种精神来指导自己的行为。所以说，君子性格平和而不随波逐流，这才算得上强啊！君子信守中庸之道，不偏又不倚，这才算得上强啊！处于国家政治清明之时，不改变未显达时的节操,这才算是强盛啊!处于国家政治黑暗之时,至死都不改变平生的志愿,这才算是强啊!"

右第十章。(朱熹说,上面是第十章。)

第十一章

在本章,孔子教导人们不要做欺世盗名、半途而废的人,应做无怨无悔追求中庸之道的圣人君子。

子曰:"素隐行怪①,后世有述焉②,吾弗为之矣。君子遵道而行,半途而废,吾弗能已矣③。君子依乎中庸,遁世不见知而不悔④,唯圣者能之。"

①素:为"索"字之误,探索,寻求。
②述:称述,称赞。
③已:中止。
④遁世:避世,引申为终身。 见知:被了解,被任用。

孔子说:"有这么一种人,探索隐僻不正的道理,去做奇异怪诞的事,由于欺世盗名,这种人竟被后代的人称赞,可是我却坚决不做这样的事。君子依据中庸之道行事,有的人却半途而废,可是我却不能中途中止。君子依照中庸之道,即使终身不被了解和任用,也绝不悔恨,只有圣人才能这样做。"

右第十一章。(朱熹说,上面是第十一章。)

第十二章

本章论述了中庸之道其大无外,其小无内,时时处处,无所不在。

君子之道，费而隐①。夫妇之愚，可以与知焉②；及其至也③，虽圣人亦有所不知焉。夫妇之不肖，可以能行焉；及其至也，虽圣人亦有所不能焉。天地之大也，人犹有所憾。故君子语大，天下莫能载焉；语小，天下莫能破焉④。《诗》云⑤："鸢飞戾天⑥，鱼跃于渊。"言其上下察也。君之之道，造端乎夫妇⑦；及其至也，察乎天地。

注释

　　①费：指用途广大。隐：精细微妙。
　　②与(yù)：参与。
　　③至：指最精妙之处。
　　④破：剖析。
　　⑤这里所引诗句出自《诗经·大雅·旱麓》。
　　⑥鸢(yuān)：鸟名，老鹰类。戾(lì)：到达。
　　⑦造端：开始、开端。

译文

　　君子所坚守的中庸之道，用途广大，无穷无尽，而其本体却精细隐微，无处不在。普通夫妇中的愚昧者，对于浅显的道理还是可以了解的，但若是最精妙之处，即使是圣人也有不知道的地方。普通夫妇中即使是不贤良者，对于浅显的道理还是可以实行的，但若是其最精妙之处，即使是圣人也有不能做到的地方。天地如此广大，但是人们仍有对天地不满之处。因此，君子对于中庸之道，讲到它的大处，天下没有什么可以承载得起；讲到它的小处，天下没有什么可以剖析开它。《诗经·大雅·旱麓》中说："老鹰飞腾上青天，鱼儿游荡入深渊。"用诗句比喻中庸之道，是说中庸之道上达于天，下及于地，显明昭著，无所不在。君子所坚守的中庸之道，是从普通夫妇都了解的浅近的道理开始的；等达到精微深奥的最妙之处，就能够明察天地之间的一切事物。

本章提示

　　右第十二章，子思之言，盖以申明首章"道不可离"之意也。其下八章，杂引孔子之言以明之。（朱熹说，以上一段是第十二章，为子思的言论，是用以阐明第一章所讲的"道不可离"的意思的。下面的八章，则是广征博引孔子的话而进一步加以说明的。）

<h2 style="text-align:center">第十三章</h2>

题解

　　本章论述中庸之道不可离，孔子提出用孝、弟、忠、信四种道德治己治人，鼓励人们言行

中国家庭基本藏书

原文

　　子曰:"道不远人。人之为道而远人,不可以为道。《诗》云①:'伐柯伐柯②,其则不远③。'执柯以伐柯,睨而视之④,犹以为远。故君子以人治人⑤,改而止。忠恕违道不远⑥,施诸己而不愿,亦勿施于人。君子之道四,丘未能一焉:所求乎子以事父,未能也;所求乎臣以事君,未能也;所求乎弟以事兄,未能也;所求乎朋友先施之,未能也。庸德之行⑦,庸言之谨⑧,有所不足,不敢不勉,有余不敢尽。言顾行,行顾言,君子胡不慥慥尔⑨。"

注释

　　①此处所引诗句出自《诗经·豳风·伐柯》。
　　②伐柯:砍伐斧柄。
　　③则:法则,引申为做斧柄的方法。
　　④睨(nì):斜视。
　　⑤以人治人:用人所固有的道去治理人。
　　⑥忠恕:尽己之心为"忠",推己及人为"恕"。"忠恕之道"也是儒家的伦理思想之一。　违道:离开中庸之道。
　　⑦庸德:平常的道德。
　　⑧庸言:平常的言语。
　　⑨慥慥(zào):忠厚朴实的样子。

译文

　　孔子说:"中庸之道并不远离人。假若有人修道而故作高深,致使道远离人们,那就不可以叫做修中庸之道了。《诗经·豳风·伐柯》中说:'砍伐树木做斧柄,砍伐树木做斧柄,照那旧斧柄做新斧柄的方法就在眼跟前。'可是手执斧柄去砍伐树木做新斧柄,因为没有旧斧柄的尺寸,所以斜着眼睛左看右看,还是觉得新旧斧柄相差甚远。所以这个比喻说明,君子用人所固有的道理和方法治理人,直到他们改正错误才停止。如果能做到忠和恕,那么离中庸之道也就不远了。不愿意在自己身上施行的,也不要施加给他人。君子的道德有四项重要内容,孔丘我一项也做不到。其一,要求儿子侍奉父母尽孝道,可我自己却未能做到这一点。其二,要求臣子辅佐国君尽忠诚,可我自己却未能做到这一点。其三,要求弟弟敬重兄长态度好,可我自己却未能做到这一点。其四,要求朋友忠诚不欺讲信用,可我自己却首先未能做到这一点。平常的德行要尽力实行,平常的言语要谨慎出口。言行有所不足之处,不敢不努力奋勉。言行尚有余力,也不敢说尽做绝。嘴里说的话,要顾及行动,行动也要顾及言语,如果真能这样言行一致,那么有谁不是忠厚诚实的君子呢。"

右第十三章。(朱熹说,上面是第十三章。)

第十四章

本章阐述安于现状(素位)、安于所守,坚持中庸之道。

君子素其位而行①,不愿乎其外②。素富贵,行乎富贵。素贫贱,行乎贫贱。素夷狄,行乎夷狄。素患难,行乎患难。君子无入而不自得焉③。在上位,不陵下④。在下位,不援上⑤。正己而不求于人,则无怨。上不怨天,下不尤人⑥。故君子居易以俟命⑦,小人行险以侥幸⑧。子曰:"射有似乎君子,失诸正鹄⑨,反求诸其身。"

①素其位:安于平时所处之位。
②愿:羡慕。
③入:安于。
④陵:同"凌",欺凌。
⑤援:攀附、巴结。
⑥尤:怨恨。
⑦居易:处于平易而安全的境地。
⑧行险:冒险。
⑨正鹄(zhēnggǔ):箭靶子中心的圆圈,画在布上的叫"正",画在皮子上的叫"鹄"。

君子安心处于平时的地位而行事,不羡慕与自己无关的名利。若平时身处富贵的地位,就做富贵者应做之事。若平时身处贫贱的地位,就做贫贱者应做之事。若平时身处夷狄的地位,就做夷狄应做的事。若平时身处患难的地位,就做患难者应做之事。这样一来,君子无论在什么地位,都能自乐其位而不会有什么不满。君子身处上位,不作威作福,欺凌处于下位的人。处在下位,不巴结逢迎处在上位的人。端正自己的作为而不去苛求别人,那么就不会产生怨恨。对上不抱怨老天,对下不责怪别人。所以,君子处在安全的地位而等待天命,小人则冒险以期侥幸成功。孔子说:"射箭的道理与君子行道有相似之处,如果没有射中箭靶子,应反回头来从自身寻找原因。"

右第十四章。(朱熹说,上面是第十四章。)

第十五章

本章阐述了君子修中庸之道由近及远,由低到高的顺序。

　　君子之道①,辟如行远,必自迩;辟如登高,必自卑。《诗》曰②:"妻子好合③,如鼓瑟琴。兄弟既翕④,和乐且耽⑤。宜尔室家,乐尔妻孥⑥。"子曰:"父母其顺矣乎⑦!"

①君子之道:寻求君子之道的方式方法。
②此处所引诗句出自《诗经·小雅·常棣》。
③好合:融洽。
④翕(xì):聚合。
⑤耽:快乐。原诗作"湛"。
⑥妻孥(nú):妻子和儿女。
⑦顺:舒心和气。

　　君子修道,由浅入深。比如行走远路,一定得从近处出发;比如攀登高山,一定得从低下的地方起步。《诗经·小雅·常棣》中说:"与妻子儿女的感情很融洽,好像弹琴鼓瑟美妙和谐。兄弟之间团聚友爱,沉浸在喜悦的气氛之中。全家和睦又团结,妻子儿女快乐多。"孔子说:"一家人其乐融融,父母亲自然舒心和气。"

右第十五章。(朱熹说,上面是第十五章。)

第十六章

【题解】

本章用鬼神为比喻,意在说明君子之道,既盛极隐微,又不远离于人。

【原文】

子曰:"鬼神之为德,其盛矣乎! 视之而弗见,听之而弗闻,体物而不可遗①。使天下之人,齐明盛服②,以承祭祀。洋洋乎如在其上③,如在其左右。《诗》曰④:'神之格思⑤,不可度思⑥,矧可射思⑦!'夫微之显⑧,诚之不可揜如此夫⑨!"

【注释】

①体物:体察、生养万物。 遗:遗漏、遗弃。
②齐(zhāi)明:祭祀之前斋戒沐浴净身,以示尊敬。齐,同"斋";明,洁净。
③洋洋乎:流动而飘忽的样子。
④此处所引诗句出自《诗经·大雅·抑》。
⑤格思:来临。思,语气助词。
⑥度(duó)思:揣度、估计。
⑦矧(shěn):况且。 射(yì)思:厌弃。
⑧微之显:指鬼神之事既隐微虚无,又具体明显。
⑨揜(yǎn):遮掩。

【译文】

孔子说:"鬼神施行的功德,也算是盛大啊!鬼神之德,观察它看不见形象,倾听它听不见响动,但是世间万物都由鬼神化育,所以体察天下万物不可将鬼神遗漏。鬼神让天下的人肃然起敬,斋戒前沐浴净身,穿上华美的祭服,虔诚地祭祀。祭祀之时,鬼神便流动而飘忽,如在人们的上方,如在人们的左右。《诗经·大雅·抑》中说:'鬼神降临,不可以揣度,虔诚敬奉,还怕有疏忽,怎么可以厌弃呢!'鬼神之事,既隐微虚无,又在善赐福、恶降病时具体而明显,其诚实的德行是如此地不可遮掩啊!"

【朱熹按语】

右第十六章。(朱熹说,上面是第十六章。)

第十七章

题解

本章以虞舜之大德来自天命为例，阐发了中庸之道的功效，告诫人们坚守中庸之道。

原文

子曰："舜其大孝也与！德为圣人，尊为天子，富有四海之内，宗庙飨之①，子孙保之。故大德必得其位，必得其禄，必得其名，必得其寿。故天之生物，必因其材而笃焉②。故栽者培之，倾者覆之。《诗》曰③：'嘉乐君子，宪宪令德④。宜民宜人，受禄于天。保佑命之，自天申之。'故大德者必受命。"

注释

①飨(xiǎng)：祭献。
②材：本质、资质。 笃：厚。
③此处所引诗句出自《诗经·大雅·假乐》。
④宪宪：显著兴盛之貌。 令德：美好的德行。

译文

孔子说："虞舜可以算是个大孝的人了！他拥有圣人的品德，拥有天子的尊贵地位，拥有四海之内普天下的财富，上而宗庙祭献他，下而子子孙孙继续他的事业。因此说，像舜这样具备大的德行的人，一定会得到天子的职位，一定会得到丰厚的俸禄，一定会得到美好的名声，一定会得到健康与长寿。所以，大自然化生万物，必定是根据它天生的本质而加厚，该栽培的则栽培，该倾覆的则倾覆。《诗经·大雅·假乐》中说：'美好快乐的君子，拥有显著的美德。人民群众拥戴他，接受福禄于天上。上天保佑而又命令他，子孙福禄永远享。'因此说，具有大的德行的人，必定是秉承天命。"

朱熹接语

右第十七章。（朱熹说，上面是第十七章。）

第十八章

题解

本章阐述周文王、周武王父作子述，圣德相传，周公旦又制礼作乐，均符合中庸之道。

原文

子曰："无忧者,其惟文王乎!以王季为父,以武王为子;父作之①,子述之②。武王缵大王、王季、文王之绪③,一戎衣而有天下④。身不失天下之显名,尊为天子,富有四海之内,宗庙飨之,子孙保之。武王末受命⑤,周公成文武之德,追王大王、王季⑥,上祀先公以天子之礼。斯礼也,达乎诸侯、大夫,及士、庶人。父为大夫,子为士,葬以大夫,祭以士;父为士,子为大夫,葬以士,祭以大夫。期之丧⑦,达乎大夫。三年之丧,达乎天子。父母之丧,无贵贱一也。"

注释

①作:创业。

②述:继承。

③缵(zuǎn):继续。 大(tài)王:即王季的父亲古公亶父。 绪:事业。

④一戎衣:一著戎衣以讨伐商纣。

⑤末:晚年。

⑥追王(wàng):追尊……为王。

⑦期(jī)之丧:指整整一年的守丧之期。

译文

孔子说:"无忧无虑的人,恐怕只有周文王了。周文王有贤德的王季作父亲,有圣明的武王作儿子;文王的父亲王季开创了帝王的基业,文王的儿子武王继承了他未竟的事业。还有什么忧愁呢?周武王继续太王古公亶父、王季、周文王的功业,穿上战衣讨伐商纣王,便一举夺取了整个天下。由于周武王讨伐的是独夫民贼,所以他自身并未失去显扬于天下的名声,成为尊贵的天子,拥有四海之内的财富,社稷宗庙祭献他,子子孙孙永保周朝的王业。周武王承受天命做天子之时,年纪已老,周公辅政周成王,继承了文王、武王的大德,近则追封太王古公亶父、王季为王,又用天子的礼制追祀祖先,而且将这种礼制推行到诸侯、大夫、士和庶人。这种礼制规定:如果父亲是大夫,儿子是士,父亲死后用大夫的礼制安葬,祭礼时则用士的礼制。如果父亲是士,儿子是大夫,父亲死后用士的礼制安葬,祭祀时则用大夫的礼制。守丧一周年,从庶人达到大夫为止,守丧三年,从庶人达到天子。至于父母亲的丧服,则没有贵与贱的区别,天子、庶人都一样。"

朱熹按

右第十八章。(朱熹说,上面是第十八章。)

第十九章

题解

　　本章阐述了周武王和周公是最孝顺的人,他们上承先祖之德,修宗庙,行郊祀,用礼治理天下,所作所为合乎中庸之道。

原文

　　子曰:"武王、周公,其达孝矣乎①!夫孝者,善继人之志,善述人之事者也。春秋修其祖庙②,陈其宗器,设其裳衣,荐其时食③。宗庙之礼,所以序昭穆也④。序爵,所以辨贵贱也。序事,所以辨贤也。旅酬下为上⑤,所以逮贱也⑥。燕毛⑦,所以序齿也。践其位,行其礼,奏其乐,敬其所尊,爱其所亲。事死如事生,事亡如事存,孝之至也。郊社之礼⑧,所以事上帝也。宗庙之礼,所以祀乎其先也。明乎郊社之礼,禘尝之义⑨,治国其如示诸掌乎⑩!"

注释

　　①达孝:大孝。
　　②春秋:本指四季,这里指祭祀祖先的时节。
　　③荐其时食:向受祀者进献上新鲜的食品。
　　④昭穆:宗庙中排列神主的次序。一般是始祖居中,以下父子按左昭右穆之次序排列。
　　⑤旅酬:众人举杯相劝。旅,众。酬,以酒相劝。
　　⑥逮贱:指先祖的恩惠下达到卑贱者。
　　⑦燕毛:指宴饮时,依据头发的颜色(黑或白)来区别长和幼的次序。燕,同"宴"。
　　⑧郊社:周代的祭祀仪式。冬至在南郊举行祭天的仪式,叫做"郊"或"郊天"。夏至在北郊举行祭地的仪式,叫做"郊"或"郊社"。
　　⑨禘(dì)尝:"禘"是一种极为隆重的、只有天子才能举行的祭礼;"尝"则是在秋天举行的宗庙祭祀。
　　⑩示(zhì)诸掌:放置在手掌之上,极言易于做到。

译文

　　孔子说:"周武王和周公,可以称得上是最孝顺的人了!所谓孝道,是指善于继承先人的志向,善于继续先人未竟的事业。春秋两季举行祭祀之时,修缮祖庙,将祭器陈列出来,把祖宗遗留下的衣服摆设出来,再进献上新鲜的时令食品供祖先享用。宗庙祭祀的礼制,是用以区分先后次序的,排列官爵,是用以分别贵贱的,排列职事,是用以分别贤能与不贤能的。众人劝酒时晚辈为长辈敬酒,是用以显示先祖的恩惠下达地位低贱者的身上的。宴饮时依照头发的黑白来排列座位,是用以区分长幼次序的。升起先王的牌位，举行先王留下来的祭礼，演奏先王时代的音乐，敬重先王所尊敬的祖宗，爱护先王所亲爱的子孙臣民，侍奉死者如同侍奉生者一样，侍奉亡故的如同侍奉活着的一般，这是孝道的极致了。先王制定祭天祭地的郊礼和社礼，是用以侍奉皇天后土的，以报答其生成的恩德。宗庙的礼节，是用以侍奉祖先的，报答其不朽的功德。明白了祭天祭地的礼节，大祭小祭的意义，那么治理国家就如同将东西放在手掌上那样容易了。"

右第十九章。（朱熹说，以上是第十九章。）

第二十章

本章阐述为政之道。哀公问政，孔子回答为政在人，而人又首先必须修身。之后孔子详细论说修身、治国、平天下的九种常行大纲以及功效和方式方法。

原文

哀公问政①。子曰："文武之政，布在方策②。其人存，则其政举。其人亡，则其政息。人道敏政，地道敏树。夫政也者，蒲卢也③。故为政在人，取人以身，修身以道，修道以仁。仁者，人也；亲亲为大。义者，宜也；尊贤为大。亲亲之杀④，尊贤之等，礼所生也。在下位，不获乎上，民不可得而治矣。故君子不可以不修身；思修身，不可以不事亲；思事亲，不可以不知人；思知人，不可以不知天。天下之达道五⑤，所以行之者三。曰：君臣也，父子也，夫妇也，昆弟也，朋友之交也。五者天下之达道也。智、仁、勇三者，天下之达德也。所以行之者一也⑥。或生而知之，或学而知之，或困而知之，及其知之一也。或安而行之，或利而行之，或勉强而行之，及其成功一也。"子曰："好学近乎知，力行近乎仁，知耻近乎勇。知斯三者，则知所以修身；知所以修身，则知所以治人；知所以治人，则知所以治天下国家矣。"

①哀公：鲁哀公，姓姬，名蒋，春秋时鲁国国君。在位二十七年，谥号"哀"。
②布：陈列。 方策：典籍。方即方板，古时书写所用的木板；策即"册"，用于书写的竹简。
③蒲卢：即蒲芦，芦苇。芦苇易于生长，比喻君子施政若得到贤臣，那么易于成功。
④杀(shài)：降等。

中国家庭基本藏书

⑤达道：大道。天下古今所必经的共同之路。

⑥一：至诚专一。

译文

鲁哀公向孔子请教什么是政治。孔子回答说："周文王与周武王所推行的政治措施，都记录在木板和竹简等典籍上，可以去考察。圣明的君主和贤明的臣子存在，那么政治措施就能实行。圣明的君主和贤明的臣子不存在，那么政治措施就难以实行。圣君贤臣施政的道理，在于让政治立即见效，用肥沃的土壤植树的道理，在于让树木迅速生长。圣君贤臣推行政治措施最易见成效，犹如栽种芦苇一样容易成长。所以，国君要想处理好国家的政务，关键在于人才，要想得到人才，首先必须修养自身的品德，修身要用中庸之道，中庸之道的获得，靠的是仁爱之心。所谓仁，就是爱人，而亲爱自己的父母是仁爱中最大的一件要事。所谓义，就是适宜得当，而尊敬贤能的人是"义"中最主要的方面。亲爱亲人有程序，有主次，尊敬贤者有等级，有差别，这些都是从礼制中产生出来的。处在下位的人臣，如果不取得处在上位的君主的信任，那么就不可能获得民心并且治理民众。所以，君子不可以不修养自身的品德；要想修养自身的品德，就不能不侍奉父母和亲人；想要侍奉亲人，就必须了解人；要想了解人，不能不了解天理。天下古今必经的共同大道有五条，用以实现这五条大道的方法有三种。那就是：君臣、父子、夫妇、兄弟、朋友相交，这五项是天下的大道。智慧、仁爱、勇敢这三项，是天下最重要的美德，实行起来，关键在于一个'诚'字。有的人天生就知道这些道理，有的人通过后天学习知道了这些道理，有的人则是遇到困惑之后，经过磨难才知道了这些道理，无论是哪种情况，他们最终了解这些道理的结果是一样的。有的人从容安适地去实行大道，有的人贪图利益去实行大道，还有的人则是勉强地去实行大道，不论是哪种情况，他们最终实行大道的结果是一样的。"孔子又说："好学不倦就接近明智了，努力行善就接近仁义了，懂得耻辱就接近勇敢了。了解了好学、力行、知耻这三点，也就了解了该如何修养自身；了解了如何修养自身，就了解了如何治理民众；了解了如何治理民众，也就明白如何治理天下国家了。"

原文

"凡为天下国家有九经①，曰：修身也，尊贤也，亲亲也，敬大臣也，体群臣也，子庶民也，来百工也②，柔远人也③，怀诸侯也④。修身则道立，尊贤则不惑，亲亲则诸父昆弟不怨，敬大臣则不眩⑤，体群臣则士之报礼重，子庶民则百姓劝⑥，来百工则财用足，柔远人则四方归之，怀诸侯则天下畏之。齐明盛服⑦，非礼不动，所以修身也。去谗远色，贱货而贵德，所以劝贤也。尊其位，重其禄，同其好恶，所以劝亲亲也。官盛任使⑧，所以劝大臣也。忠信重禄，所以劝士也。时使薄敛⑨，所以劝百姓也。日省月试,既禀称事⑩,所以劝百工也。送往迎来,嘉善而矜不能⑪,所以柔远人也。继绝世⑫,举废国⑬,治乱持危,朝聘以时⑭,厚往而薄来,所以怀诸侯也。凡为天下国家有九经,所以行之者一也。"

①为:治理。 九经:九条常规或大纲。

②来:招徕。

③柔:安抚,优待。

④怀:安抚。

⑤眩(xuàn):本意是眼花,引申为迷惑。

⑥劝:勉励。

⑦齐(zhāi)明:斋戒沐浴,使身心洁净。齐,通"斋"。明,洁净。

⑧官盛任使:官员众多,听任差遣。

⑨时使:在农闲之时役使百姓,不要违农时。

⑩既禀(xì)禀(lǐn)称(chèn)事:薪水粮米,要与他的工作业绩相称。既禀,同"饩廪",薪水粮米。

⑪矜:同情。

⑫继绝世:让已经中断俸禄的家族继续享受俸禄。

⑬废国:已经被废灭的国家。

⑭朝聘:古代的诸侯要定期朝见天子,一年一见叫小聘,三年一见叫大聘,五年一见叫朝聘。

"但凡国君要治理天下国家,有九条常规,那就是:其一要修养品德,其二要尊敬贤者,其三要亲爱亲人,其四要敬重大臣,其五要体谅群臣,其六要像爱护子女那样爱护庶民,其七要招徕各类工匠,其八要优待远方的异族,其九要安抚四方的各个诸侯。修养自身就可确立良好的道德品行,尊敬贤者就不至于迷惑,亲爱亲人则父母、叔伯、兄弟不会怨恨,敬重大臣则办事不慌张、不迷惑,体谅群臣则受惠的人士会以重礼回报,像爱护子女一样爱护庶民,百姓便会相互劝勉努力,招徕各类工匠,那么财富用度便会充足,优待远方的异族,则四面八方的人都会前来归顺,安抚诸侯,那么整个天下都会敬畏国君。斋戒沐浴,使人身心洁净,身穿华丽的祭服,不合乎礼制的事不去做,这就是修养自身的方法。抛弃谗言,远离美色,轻视财物而看重品德,这就是劝勉贤者的方法。尊重亲族的职位,加重亲族的俸禄,将同样的好恶标准公布于天下,这就是劝勉亲族的方法。为大臣多次设置属官,使官员足够任用,这就是劝勉大臣的方法。忠诚信实,加重俸禄,这就是劝勉士人的方法。在农闲之时役使百姓,减轻赋税,这就是劝勉百姓的方法。逐日审察,逐月考核,付给他们的薪水粮米与他们的业绩相称,这就是劝勉各类工匠的方法。盛情接待,热情相送,嘉奖有善行的人,同情可怜能力差的人,这就是优待远方异族的方法。有断代的诸侯,取旁支的人继续宗嗣,有灭亡的国家,帮助他们整治混乱、扶持危难,定期接受诸侯的朝见和聘问，少收进贡，赏赐丰厚，这就是安抚诸侯的方法。总而言之，凡是国君治理天下国家，有以上九条常规，实行这些常规的方法多种多样，关键在于一个'诚'字。

原文

"凡事豫则立①，不豫则废。言前定则不跲②，事前定则不困，行前定则不疚③，道前定则不穷。在下位，不获乎上，民不可得而治矣。获乎上有道，不信乎朋友，不获乎上矣。信乎朋友有道，不顺乎亲，不信乎朋友矣。顺乎亲有道，反诸身不诚，不顺乎亲矣。诚身有道，不明乎善，不诚乎身矣。诚者，天下之道也，诚之者，人之道也。诚者，不勉而中，不思而得，从容中道，圣人也。诚之者，择善而固执之者也。博学之，审问之④，慎思之，明辨之⑤，笃行之⑥。有弗学⑦，学之弗能弗措也。有弗问，问之弗知弗措也。有弗思，思之弗得弗措也。有弗辨，辨之弗明弗措也。有弗行，行之弗笃弗措也。人一能之，己百之。人十能之，己千之。果能此道矣，虽愚必明，虽柔必强。"

①豫：同"预"，预谋，准备。
②跲(jiá)：本意是绊倒，此处是指说话不流畅。
③疚：惭愧。
④审问：审慎地探问。
⑤明辨：明晰地分辨。
⑥笃行：笃实地履行。
⑦弗：不。

译文

"凡事预先做好准备就能成功，没有准备就会失败。比如说话，预先想定就不致不流畅，比如办事，预先想定就不会有什么困难，比如行动，事前想定就不会悔恨，比如推行道理，预先拿定主意，那么道理就会无穷无尽。身处下位，而得不到君主的信任，那么就不会得到民心并治理民众。要取得君主的信任是有方法的，即先要取得朋友的信任。如果连朋友的信任都得不到，那么就不能取得君主的信任。获得朋友的信任是有方法的，即先要获得父母的欢心。如果得不到父母的欢心，那么就得不到朋友的信任了。取悦父母是有方法的，即应反求自身的诚实。如果反求自身而不诚实，那么就不算是孝顺父母了。让自身诚实是有方法的，即先要明白至善。如果不能明白什么是善，那么自身便不可能诚实。诚实，是上天制定的法则，做到诚实,是人为努力的法则。生性诚实的人,不必勉强言行就会符合要求,不用思虑而有所得,从从容容就能达到中庸之道,这样的人是圣人。做到诚实的人,就必须选择为善的道理并且坚持不懈地加以实行,以期达到诚实的目的。要广博地学习,要审慎地询问,要谨慎地思虑,要明晰地辨析,要笃实地履行。要么不学习,学习了而未学会就不再中止。要么不询问,询问了而没有听明白就不停止询问。要么不思虑,思虑了而未能彻底明白,就不停止思虑。要么不辨析,辨析了仍不明晰那就不中止辨析。要么不去履行,履行了但不够笃实,那么就不停止履行。别人用一倍的功夫就能成功,我用一百倍的功夫。别人用十倍的功夫就能成功,我用一千倍的功夫。果真能够用这样的毅力追求中庸之道,那么即使是愚蠢的人也一定会变得聪明,即使是柔弱的人也一定会变得刚强。"

右第二十章。(朱熹说,上面是第二十章。)

第二十一章

本章阐述诚与明。天性由诚而明,是圣人;通过后天的学习,由明而达诚,是贤人。两者虽不同,其功用则是相通的。

自诚明①,谓之性。自明诚,谓之教②。诚则明矣,明则诚矣。

①自:从,由。
②教:教化。

由真诚达到明德,叫做圣人的天性。由明德而达到真诚,是贤人经过努力的结果,故而叫做教化。真诚便会无所不明,明了之后才可算作真诚。

右第二十一章,子思承上章夫子天道人道之意而立言也。自此以下十二章,皆子思之言,以反复推明此章之意。(朱熹说,上面是第二十一章,为子思承接上一章中孔子所说的关于天道、人道的思想而立言的。从此往后的十二章,都是子思的话,用以反复推论、说明这一章的思想。)

第二十二章

【题解】

本章阐述天性至诚乃圣人之道,可以赞天地之化育,与天地并列为三。极言至诚之功效。

【原文】

唯天下至诚①,为能尽其性。能尽其性,则能尽人之性。能尽人之性,则能尽物之性。能尽物之性,则可以赞天地之化育②。可以赞天地之化育,则可以与天地参矣③。

【注释】

①唯:只有。
②赞:帮助。 化育:造化与养育。
③与天地参(sān):与天地并列为三。

【译文】

只有天下最为真诚的圣人,能够极尽天赋的本性。能极尽天赋的本性,就能极尽众人的本性。能极尽众人的本性,就能极尽万物的本性。能极尽万物的本性,就可以赞助天地造化养育万物。可以赞助天地造化养育万物,则至诚的功效就可以与天地并列为三了。

【朱熹按语】

右第二十二章。(朱熹说,上面是第二十二章。)

第二十三章

【题解】

本章阐述贤人自明诚的功夫。

【原文】

其次致曲①,曲能有诚,诚则形②,形则著③,著则明,明则动,动则变,变则化④,唯天下至诚为能化。

【注释】

①其次:指次于"至诚"的人,即通过后天学习达到至诚的贤人。 致曲:从一个方面推究。曲,一个方

面。

②形：表现于外。

③著：显著。

④化：感化。

次于至诚的人，能够从一个细小的方面推究，从细小的方面一一加以推究，也能达到真诚的境界。有了真诚就会表现出来，表现出来就会显著，显著就会日益光明，光明就会感动万物，感动万物就会改过自新变革人心，变革人心就会使人感化。只有天下至诚的圣人，才能达到使人感化的境界。

右第二十三章。（朱熹说，上面是第二十三章。）

第二十四章

本章阐述至诚之道如神灵般见微知著、预知祸福的功效。

至诚之道，可以前知①。国家将兴，必有祯祥。国家将亡，必有妖孽。见乎蓍龟②，动乎四体③。祸福将至，善，必先知之；不善，必先知之。故至诚如神④。

①前知：预知未来。

②见(xiàn)：发现。 蓍(shì)龟：蓍草和龟甲，是古人用以占卜的两种东西。

③四体：四肢。

④如神：指灵验如神灵那样微妙，无法用语言说明。

达到最高境界的真诚，可以预知未来。国家将要兴盛发达时，必定会有吉祥的征兆。国家将要败亡时，必定会有妖孽出现。这些征兆和变化，远的方面可以从蓍草和龟甲的占卜中发现，近的方面则可以从四肢的运动中觉察。灾祸和福气到来之前，善的，一定能够预先知道；不善的，也一定能够预先知道。因此，最高境界的真诚灵验如神之微妙，没法用语言说明。

181

第二十五章

题解

本章阐述诚是君子的本性，君子不仅"自诚"，还应推及他人。

原文

诚者自成也①，而道自道也②。诚者物之终始，不诚无物，是故君子诚之为贵。诚者，非自成己而已也③，所以成物也，成己，仁也；成物，知也。性之德也，合外内之道也，故时措之宜也④。

注释

①自成：自我成全。
②自道(dǎo)：自我引导。道，同"导"。
③成己：让自己有所成就。
④措：实行。 宜：适宜。

译文

真诚，就是自我成全，而道，就是自我引导。真诚贯穿于事物的始终，没有真诚也就没有万物，因此君子把真诚看得非常宝贵。真诚的人，并非光使自己取得成就就行了，还要成全万事万物，行于他人。使自己取得成就是仁义，成全万事万物是智慧，这是天性的仁德，符合天地内外的规律，因此随时实施，无不适宜。

第二十六章

题解

本章继续阐述至诚之意义及功效，鼓励人们不断地追求至诚，与天道相配合。

原文

故至诚无息①，不息则久，久则征②，征则悠远，悠远则博厚，博厚则

182

高明。博厚，所以载物也③。高明，所以覆物也④。悠久，所以成物也。博厚配地，高明配天，悠久无疆⑤。如此者，不见而章⑥，不动而变，无为而成。天地之道，可一言而尽也。其为物不贰⑦，则其生物不测⑧。天地之道，博也，厚也，高也，明也，悠也，久也。今夫天，斯昭昭之多⑨，及其无穷也，日月星辰系焉，万物覆焉。今夫地，一撮土之多，及其广厚，载华岳而不重⑩，振河海而不泄⑪，万物载焉。今夫山，一卷石之多⑫，及其广大，草木生之，禽兽居之，宝藏兴焉。今夫水，一勺之多，及其不测⑬，鼋鼍⑭、蛟龙、鱼鳖生焉，货财殖焉。《诗》云⑮："维天之命，於穆不已！"盖曰天之所以为天也。"於乎不显⑯！文王之德之纯⑰！"盖曰文王之所以为文也。纯亦不已。

①息：停息。
②征：验证。
③载物：承载万物。
④覆物：包容万物。
⑤无疆：无边无际，没有穷尽。
⑥章：通"彰"，明显。
⑦不贰：指忠诚如一，没有二心。
⑧不测：不可揣测、估计。
⑨昭昭：明亮的样子。
⑩华岳：即西岳华山，五岳之一。
⑪振：收。
⑫卷(quán)石：拳头般大小的石头。卷，通"拳"。
⑬不测：指水深不可测。
⑭鼋鼍(yuántuó)：大鳖和扬子鳄。
⑮这里所引诗句出自《诗经·周颂·维天之命》。
⑯於乎：即"呜呼"。
⑰纯：纯洁无瑕。

　　因此说，最高境界的真诚是没有止境，永不停息的，不停息即可长久流传，长久流传就有效验，有效验就能悠久而遥远，悠久而遥远便会广博而深厚，广博而深厚则高大而光明。广博深厚，是用以承载万物的。高大而光明，是用以包容万物的。悠久而遥远，是用以生成万物的。广博深厚与地匹配，高大光明与天匹配，悠久遥远，一如天地那样无边无际无穷无尽。这样一来，不表现却彰显，不行动自然变化，无所作为却自然成功。天地之间的道理，完全可以用一句话概括，那就是一个诚字而已。它自身真诚不二,但它所化生出的万物却多得不可揣测。天地之间的道理,广博、深厚、高大、光明、悠远、久长。比如那天,从微观来讲,不过是一片光明,从宏观来讲,它是无穷无尽的,那太阳、月亮、星辰都在它的上面悬挂着,世上的万物都被它覆盖着。又比如那地,从微观来讲,它不过是一小撮土,从宏观来讲,它又是广博而深厚的,它负载西岳华山不觉得沉重,收容江河海洋而不见有水泄漏,世上的万物它都承载得起。再如那山,从微观来讲,不过是拳头大小的石头,从宏观讲,它又是广大无边的,草木在上面生长,禽兽在上面居住,宝藏在上面蕴育生成。还有那水,从微观讲,不过是一勺之多,从宏观讲,它又是深不可测的,鼋鼍、蛟龙、鱼鳖生活于水中,各种财货也在水中繁殖生成。《诗经·周颂·维天之命》中说:"只有苍天的定理深远得很,经历长久而不止息。"这大概是讲天之所以成为天的道理吧。同一篇诗中又说:"呜呼!岂不显著!文王的圣德纯洁无瑕!"这大概是讲文王之所以成为文王的道理。纯真不二的至诚,也如同天命一样,永不会停息。

右第二十六章。(朱熹说,上面是第二十六章。)

第二十七章

本章阐述圣人之道的高大与深厚,告诫君子追求至诚的中庸之道。

原文

　　大哉圣人之道,洋洋乎①!发育万物,峻极于天②。优优大哉③!礼仪三百④,威仪三千⑤,待其人而后行。故曰:苟不至德,至道不凝焉。故君子尊德性而道问学,致广大而尽精微,极高明而道中庸,温故而知新,敦厚以崇礼。是故居上不骄,为下不倍⑥。国有道,其言足以兴;国无道,其默足以容。《诗》曰⑦:"既明且哲,以保其身。"其此之谓与。

①洋洋乎:充足美满的样子。
②峻极:高峻到极点。
③优优:又宽裕又充足。
④礼仪:古代的典礼制度关于礼节的主要规则。
⑤威仪:又叫曲礼,指礼的细枝末节。

⑥倍：通"悖"，违背。

⑦这里所引诗句出自《诗经·大雅·烝民》。

伟大啊！圣人的道。它是那样的充足美满！它生长化育万物，与天一样高峻。宽裕而充足啊！礼的大纲有三百条，礼的细目有三千条，等待圣贤之人出现后，才能加以实行。因此说，如果没有崇高的德，崇高的道便不会凝聚。所以君子尊崇天生的德，勤学好问不敢松懈，达到广大而精微的境界，达到极其高明的境界，同时又遵循中庸之道，温习已知的道理，获取未知的新的道理，忠厚老实，尊崇礼仪。因此君子身居上位而不骄傲，身居下位而无所违背。国家政治清明，就宣讲道德，他的言论足以振兴邦国；国家政治黑暗，他沉默不语，从而足以保全自己。《诗经·大雅·烝民》中说："既明达又智慧，才能保全自身。"大概就是这个意思吧！

右第二十七章。（朱熹说，上面是第二十七章。）

第二十八章

本章告诫人们顺时而动，生于今世，即从今世之政，行中庸之道。

子曰："愚而好自用①，贱而好自专②。生乎今之世，反古之道，如此者，灾及其身者也。"非天子，不议礼③，不制度④，不考文⑤。今天下车同轨，书同文，行同伦。虽有其位，苟无其德，不敢作礼乐焉。虽有其德，苟无其位，亦不敢作礼乐焉。子曰："吾说夏礼⑥，杞不足征也。吾学殷礼，有宋存焉。吾学周礼，今用之，吾从周。"

①自用：随主观意愿做事。

②自专：独断专行。

③议礼：制定礼制。

④制度：创立法度。

⑤考文：考订文字。

⑥说：解说，讲解。

译文

孔子说:"愚蠢的人,喜欢凭主观意愿做事,自以为是;卑贱的人,喜欢独断专行。生活在当今,却返回去恢复古代的制度,这样的人,灾难终会降临到他的身上。"若非有德行的天子,不制定礼制,不创立法度,不考订文字。如今天下统一,车行的辙迹相同,文字相同,伦理道德也相同。即便有天子的地位,但若没有天子的德行,是不敢制作礼乐的。即便有天子的德行,但没有天子的地位,也还是不敢制作礼乐的。孔子说:"我可以解说夏朝的礼制,但由于它的后代只有一个杞国,所以不足以验证。我学习殷代的礼制,现在只有它的后代宋国保存着,可以供征考。我学习周代的礼制,如今天下人正在实行着,我主张遵从周朝的礼制。"

朱熹按语

右第二十八章。(朱熹说,上面是第二十八章。)

<h1 style="text-align:center">第二十九章</h1>

题解

本章阐述君主行中庸之道,应从议礼、制度及考订文字三件大事入手,修身律己,为人民作榜样。

原文

王天下有三重焉①,其寡过矣乎②!上焉者③,虽善无征,无征不信,不信民弗从。下焉者④,虽善不尊,不尊不信,不信民弗从。故君子之道,本诸身,征诸庶民,考诸三王而不缪⑤,建诸天地而不悖,质诸鬼神而无疑,百世以俟圣人而不惑。质诸鬼神而无疑,知天也。百世以俟圣人而不惑,知人也。是故君子动而世为天下道,行而世为天下法,言而世为天下则。远之则有望⑥,近之则不厌。《诗》曰⑦:"在彼无恶,在此无射⑧。庶几夙夜,以永终誉。"君子未有不如此而蚤有誉于天下者也⑨。

注释

①王(wàng):称王天下。 三重:三件重大的事(议礼、制度、考文)。

②寡过:减少过错。

③上焉者:指前代(夏、商)的礼仪制度。

④下焉者:指夏商之后的圣人(如孔子)。

⑤缪(miù):通"谬",错误。

⑥望:景仰。

⑦这里所引诗句出自《诗经·周颂·振鹭》。

⑧射(yì):厌恶,妒忌。

⑨蚤:通"早"。

 译文

　　要想称王天下,有三件重要的事要做,那就是议礼仪、订制度和考文字。做好这三件重要的事就可减少过错。从前夏、商的礼制虽然完美,但因年代久远,得不到验证,所以无法取信于民,人民不相信,自然不会遵从。夏商之后的圣人处在下位,虽然他所主张的礼仪制度完美,但地位不尊贵,不尊贵便无法取信于民,人民不相信,自然不会遵从。所以君子统治天下的方法是:先从自身修养道德做起,以此为根本,在老百姓身上加以验证,再用夏、商、周三代的礼制加以考察而没什么谬误,在天地之间施行而不违背自然之理,质问于鬼神而没什么疑惑,等百代以后再有圣人出现也不会对此有什么怀疑。质问于鬼神而没有疑惑,这是明白天理的原因。等百代以后再有圣人出现也不会对此产生怀疑,这是明白人道的原因。因此君王的举动能成为世世代代的典范,君王的行为能成为世世代代的法度,君王的言论能成为世世代代的准则。离他远的人有仰慕之心,离他近的人无厌恨之情。《诗经·周颂·振鹭》中说:"杞、宋二国作为夏殷二王的后代,在本国无人厌恶,在我周朝也没人忌妒。他早起晚睡勤于政事,永远保持好名誉。"君王中还没有不先这样做,而早早地就能在天下享有赞誉之声的。

　　右第二十九章。(朱熹说,上面是第二十九章。)

第三十章

 题解

　　本章是子思歌颂孔子之道上宗尧舜,下法文武,可以与天地并立,可以化育万物。

 原文

　　仲尼祖述尧舜①,宪章文武②,上律天时③,下袭水土④,辟如天地之无不持载⑤,无不覆帱⑥;辟如四时之错行⑦,如日月之代明⑧。万物并育而不相害,道并行而不相悖,小德川流,大德敦化⑨,此天地之所以为大也。

 注释

　　①祖述:以其道为宗进而传述,意即效法。

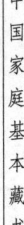中国家庭基本藏书

②宪章:效法。
③律:遵循。
④袭:符合。
⑤持载:承载。
⑥覆帱(dào):覆盖。
⑦错行:交替运行。
⑧代明:交替照耀。
⑨敦化:淳朴而化育万物。

 译文

　　仲尼效法尧舜,效法周文王和周武王,在上遵从天时的变化,在下依从水土的运行。好比地,没有什么不能承载,好比天,没有什么不覆盖,好比春夏秋冬四季的交错运行,又如日月的交替照耀。万物竞相生长发育而不相妨害,大道同时发挥作用而不相悖,小德如江河,川流不息,大德淳朴而化育万物,这就是天地之所以伟大的原因。

 朱熹按语

　　右第三十章。(朱熹说,上面是第三十章。)

第三十一章

 题解

　　本章阐述圣人之德如天高,如水深,无所不至,无处不在,人民无不喜悦。

原文

　　唯天下至圣,为能聪明睿知,足以有临也①;宽裕温柔,足以有容也;发强刚毅②,足以有执也③;齐庄中正④,足以有敬也;文理密察,足以有别也。溥博渊泉,而时出之。溥博如天,渊泉如渊。见而民莫不敬,言而民莫不信,行而民莫不说⑤。是以声名洋溢乎中国,施及蛮貊⑥,舟车所至,人力所通,天之所覆,地之所载,日月所照,霜露所队⑦,凡有血气者,莫不尊亲,故曰配天⑧。

 注释

①有临:居于上位而下治民众。
②发强:奋发图强。
③有执:决断、操持。

188

④齐(zhāi)庄:恭敬而庄重的样子。

⑤说(yuè):同"悦",喜欢。

⑥蛮貊(mò):南蛮北貊,我国古代边远之地的少数民族。

⑦队(zhuì):通"坠",坠落。

⑧配天:与天相匹配。

只有天下最伟大的圣人,才能够既聪明,又睿智,自然能够上居君位而下治民众;有了仁,便宽厚优裕,温柔和顺,完全可以包容天下;有了义,便奋发自强,刚勇坚毅,完全可以决断天下的大事;有了礼,恭敬庄重,保持中正,完全可以获得他人的尊敬;有了智,文章条理分明,详辨明察,完全可以明辨事理。伟大的圣人其美德广阔而博大,犹如渊泉,不断涌出,无穷无尽。其德性广阔如天,深沉如渊。人们见到他的仪容,没有不敬重的,听到他的言谈,没有不相信的,他的行为人们没有不喜欢的。所以,他们名声在中原之国广泛传播,并且波及南蛮北貊等边远地区。总之,凡是车船能到之处,人力通行之地,苍天所覆盖的,大地所承载的,日月所照耀的,霜露所坠落的,凡是有血气的生物,没有不尊崇敬爱他们的,所以才说圣人的美德可与苍天相匹配。

右第三十一章。(朱熹说,上面是第三十一章。)

第三十二章

本章阐述至诚之道的本质及功用(治国之大经,立身之大本,化育之大理)。

唯天下至诚,为能经纶天下之大经①,立天下之大本②,知天地之化育。夫焉有所倚③?肫肫其仁④,渊渊其渊⑤,浩浩其天⑥。苟不固聪明圣知达天德者⑦,其孰能知之?

①经纶:本意是纺织前整理丝缕,引申为治理。 大经:根本法则。

②大本:根本的德性。

③倚:依傍,依靠。

④肫肫(zhūn):诚恳的样子。

中国家庭基本藏书

⑤渊渊:水深不可测。

⑥浩浩:广阔无际。

⑦固:实在。达天德者:指通晓天赋美德的人。

 【译文】

天下只有掌握了最高境界的真诚的圣人,才能掌握治理天下的根本法则,建立天下的根本德性,了解天地之间的万物化育的道理。除了至诚,还有什么需要依傍的呢?他的仁德之心是那样的诚恳,一如深潭那样深沉,又如广阔无际的苍天。如果不是实在具有聪明智慧、通晓天赋美德的人,又有谁能够了解这一点呢?

【读解】

右第三十二章。(朱熹说,上面是第三十二章。)

第三十三章

 【题解】

本章呼应第一章所提出的"戒惧"、"慎独",阐述初学入德的人,必须从下学务内、至亲至切出发,才能达到无声无臭的最高境界。

【原文】

《诗》曰①:"衣锦尚𫄧②。"恶其文之著也③。故君子之道,暗然而日章④。小人之道,的然而日亡⑤。君子之道,淡而不厌,简而文,温而理,知远之近,知风之自,知微之显,可与入德矣⑥。《诗》云⑦:"潜虽伏矣,亦孔之昭⑧。"故君子内省不疚⑨,无恶于志⑩。君子之所不可及者,其唯人之所不见乎!《诗》云⑪:"相在尔室⑫,尚不愧于屋漏⑬。"故君子不动而敬,不言而信。《诗》曰⑭:"奏假无言⑮,时靡有争⑯。"是故君子不赏而民劝,不怒而民威于铁钺⑰。《诗》曰⑱:"不显惟德⑲,百辟其刑之⑳!"是故君子笃恭而天下平。《诗》云㉑:"予怀明德,不大声以色。"子曰:"声色之于以化民,末也。"《诗》曰㉒:"德𬨎如毛㉓。"毛犹有伦。"上天之载,无声无臭㉔。"至矣。

 【注释】

①这里所引诗句出自《诗经·卫风·硕人》。

②衣(yì)锦尚絅(jiǒng)：穿着锦绣衣裳，外加粗麻制成的罩衣。按：原句为"衣锦絅衣"。

③文之著：文彩太耀眼。

④日章：日渐彰显。章，通"彰"。

⑤的(dì)然：鲜艳的样子。

⑥入德：迈入道德的大门。

⑦这里所引诗句出自《诗经·小雅·正月》。

⑧孔：很，十分。 昭：明白。

⑨内省不疚：经常在内心自我反省，因而不感到有什么愧疚。

⑩无恶于志：无愧于心。志，心。

⑪这里所引诗句出自《诗经·大雅·抑》。

⑫相：注视。 尔室：你的居室，这里指一人独居于室。

⑬屋漏：房屋西北角的阴暗之处。

⑭这里所引诗句出自《诗经·商颂·烈祖》。

⑮奏假(gé)：祷告而感格于神明。假，同"格"。

⑯靡有：没有。

⑰铁钺(fū yuè)：古代执行军法时所用的斧子，引申为刑杀，刑戮。

⑱这里所引诗句出自《诗经·周颂·烈文》。

⑲不显：充分显扬。不，通"丕"，大。

⑳百辟(bì)：诸侯。 刑：同"型"，法则。

㉑这里所引诗句出自《诗经·大雅·皇矣》。

㉒这里所引诗句出自《诗经·大雅·烝民》。

㉓輶(yóu)：古时一种轻便的车子，引申为轻。

㉔无臭(xiù)：没有气味。这两句诗出自《诗经·大雅·文王》。

　　《诗经·卫风·硕人》中说："妇女内穿锦绣之衣，外罩粗麻罩衣。"这样做的原因是嫌锦衣的文彩太显著。所以君子之道也是如此，暗暗地深藏，不为人所知，而后日渐彰显。小人之道则是起初色彩鲜艳，而后日渐消亡。君子之道，平淡而有实理，不被人所厌恶，简约而有文彩，温和而有条理，知道远的是由近的开始的，知道教化别人必须从自身做起，知道细微的开端，可以推及到显著的结果，如能这样，才可以进入道德的大门。《诗经·小雅·正月》中说："鱼儿潜藏在深水之中，可是仍然能看得很清楚。"因此说君子内心自我反省，没有什么悔恨，无愧于心，君子不为别人赶上的原因，大概就在于他能在别人看不到的地方着力用功而已。《诗经·大雅·抑》中说："看你独自一个人居于室中，内心光明没有愧疚之心，当无愧于屋子阴暗处的神明。"因此说君子未行动之前就先怀有恭敬之心，没有言谈就先有诚信之心。《诗经·商颂·烈祖》中说："默默无言进行祷告，感格于神明，当时不再有什么争执。"所以君子不用赏赐，民众就会努力；不用发怒，民众就会比看见刑戮还敬畏。《诗经·周颂·烈文》中说："充分显扬好的德性，诸侯人人都会效法。"所以君子笃厚恭敬而天下太平。《诗经·大雅·皇矣》中说："我上天赋给你文王光明的德性，不用大声号令,不用严厉脸色,即可治民众。"孔子说:"用大声的号令,严厉的脸色治理民众,这是细枝末梢,未抓住根本。"《诗经·大雅·烝民》中说:"美德之轻,犹如鸿毛。"即使是轻如鸿毛,还是有形迹可以类比。《诗经·大雅·文王》中又说:"天地化育万物,无声无味,不知不觉。"这可以说是达到极点了啊!

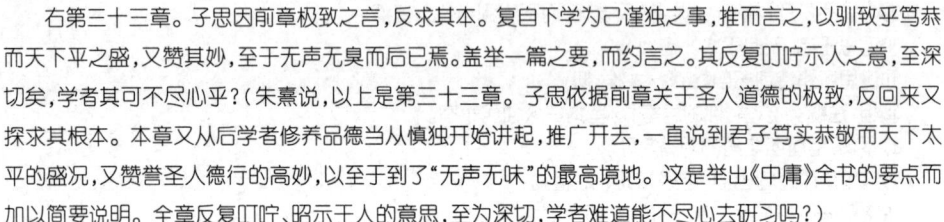

右第三十三章。子思因前章极致之言,反求其本。复自下学为己谨独之事,推而言之,以驯致乎笃恭而天下平之盛,又赞其妙,至于无声无臭而后已焉。盖举一篇之要,而约言之。其反复叮咛示人之意,至深切矣,学者其可不尽心乎?(朱熹说,以上是第三十三章。子思依据前章关于圣人道德的极致,反回来又探求其根本。本章又从后学者修养品德当从慎独开始讲起,推广开去,一直说到君子笃实恭敬而天下太平的盛况,又赞誉圣人德行的高妙,以至于到了"无声无味"的最高境地。这是举出《中庸》全书的要点而加以简要说明。全章反复叮咛、昭示于人的意思,至为深切,学者难道能不尽心去研习吗?)

◎ 附 录

《中庸》名言警句

△天命之谓性,率性之谓道,修道之谓教。(《第一章》)(第159页)

△中也者,天下之大本也。和也者,天下之达道也。(《第一章》)(第159页)

△君子中庸,小人反中庸。(《第二章》)(第160页)

△天下国家可均也,爵禄可辞也,白刃可蹈也,中庸不可能也。(《第九章》)(第164页)

△故君子和而不流。(《第十章》)(第165页)

△君子遵道而行,半途而废,吾弗能已矣。(《第十一章》)(第166页)

△上不怨天,下不尤人。故君子居易以俟命,小人行险以侥幸。(《第十四章》)(第169页)

△或生而知之,或学而知之,或困而知之,及其知之一也。(《第二十章》)(第175页)

△好学近乎知,力行近乎仁,知耻近乎勇。(《第二十章》)(第175页)

△凡事豫则立,不豫则废。(《第二十章》)(第178页)

△博学之,审问之,慎思之,明辨之,笃行之。(《第二十章》)(第178页)

△愚而好自用,贱而好自专。(《第二十八章》)(第185页)

《中庸》重要研究著作

《小戴礼记·中庸篇》 [西汉]戴圣撰,有中华书局《十三经注疏》本。

《二程集·中庸解》 [宋]程颢、程颐撰。《中庸》本是《小戴礼记》中的一篇,宋代之前并不单行,程氏兄弟将其整理编次,与《大学》、《论语》、《孟子》合在一起,统称"四书"。

《四书章句集注》 [宋]朱熹撰。朱熹是南宋的大理学家,他继承和发扬了"二程"的思想,倾其一生心血为《大学》、《中庸》、《论语》、《孟子》作注,这就是著名的《四书章句集注》。

《中庸论》 [宋]苏轼撰。有《四部丛刊》本。

《中庸或问》 [宋]朱熹撰。有《四库全书》本。

《中庸辑略》　[宋]朱熹撰，有《四库全书》本。

《中庸讲义》　[宋]倪思中撰，有《四库全书》本。

《中庸纂疏》　[宋]赵顺孙撰，有华东师范大学出版社本。

《中庸集解》　[宋]石𡐛撰，有《四库全书》本。

《四 书 遇》　[清]张岱撰，有浙江古籍出版社本。

《四书考异》　[清]翟灏撰，有《皇清经解》本。

《四书释地》　[清]阎若璩撰，有《四库全书》本。

《四书賸言》　[清]毛奇龄撰，有《四库全书》本。

《中 庸 注》　康有为撰，有《国学基本丛书》本。

《十三经概论》　蒋伯潜撰，上海古籍出版社出版。

《四书读本》　蒋伯潜撰，浙江人民出版社出版。

《四书全译》　夏廷章等译，江西人民出版社出版。

《四书集注简论》　邱汉生撰，中国社会科学出版社出版。

《白话四书》　黄朴民等译，三秦出版社出版。

图书在版编目（CIP）数据

论语·大学·中庸/李浴华，马银华译注 . —2 版 .
—太原：三晋出版社，2008.4（2024.5 重印）
（中国家庭基本藏书·诸子百家卷）
ISBN 978 - 7 - 80598 - 917 - 4 - 01

Ⅰ.论… Ⅱ.①李…②马… Ⅲ.儒家 Ⅳ.B222

中国版本图书馆 CIP 数据核字（2008）第 054773 号

论语·大学·中庸

译 注 者：李浴华　马银华

责任编辑：郝文霞　秦艳兰　　　　审 订 者：郭平凡
封面设计：敬人工作室　　　　　　版式设计：敬人工作室
责任校对：郝文霞　　　　　　　　责任印制：李佳音

出版发行：山西出版集团·三晋出版社
地　　址：太原市建设南路 21 号
电　　话：（0351）4956036（咨询）　　4922268（邮购）
传　　真：（0351）4922102
网　　址：www.sxskcb.com
邮　　编：030012

印刷装订：山西新华印业有限公司
（本书如有破损、缺页、装订错误，请与本社联系调换）

开　　本：787mm×960mm　　1/16
字　　数：220 千字
印　　张：12.75
版　　次：2008 年 5 月第 2 版
印　　次：2024 年 5 月第 2 次印刷
书　　号：ISBN 978 - 7 - 80598 - 917 - 4 - 01
定　　价：50.00 元